江戸の色町 遊女と吉原の歴史

江戸文化から見た吉原と遊女の生活

監修◎安藤優一郎

KANZEN

江戸の色町 遊女と吉原の歴史

江戸文化から見た吉原と遊女の生活

吉原を知らずして江戸は語れない
——まえがき

江戸時代、幕府公認の色町として栄えた吉原は、華やかな江戸文化の一端を担う町であった。そこには「首から上が家一軒」と言われるほど華麗に着飾った花魁たちによる「花魁道中《おいらんどうちゅう》」が華やかに行われ、彼女たちは浮世絵や歌舞伎のモデルにもなって、江戸庶民を楽しませた。魚河岸と芝居町と合わせて「江戸の名物三千両」とも言われ、一夜のうちに千両もの金が動いたと言われるほど活気のある町だった。

しかし、それは吉原の一側面に過ぎない。「苦界《くがい》十年」と言われるように、花魁は笑顔の裏で耐え難い苦労を重ねていた。花魁がどのような境遇に身を置き、どのような一日を送っていたか、ご存じだろうか。また、吉原には遊女のほかにも、さまざまな人たちが暮らしており、吉原の人口は合わせて約一万人にも及んだが、どのような人たちが住み、彼らは吉原でどんな役割を担っていたか知っているだろうか。そのほか、吉原は今の東京のどこにあったのか、吉原にはどうやって通っていたのか、遊女と遊ぶにはどういう手続きが必要だったのか、吉原以外にも色町はあったのか……など、吉原と遊女にまつわる数々の疑問を解説した。

吉原の仕組みや遊女の実態を知ることで、時代小説や時代劇をよりいっそう面白く読んだり観たりできることだろう。なお、江戸時代、遊女は女郎《じょろう》と呼ばれたが、本書では遊女で統一した。

江戸の色町　遊女と吉原の歴史●もくじ

【第三章】遊女はどのように生活していたか
――吉原の明と暗

【第四章】各地の遊廓を見る
——公認の遊廓と岡場所

【終章】明治維新で吉原はどうなったか
——吉原のその後

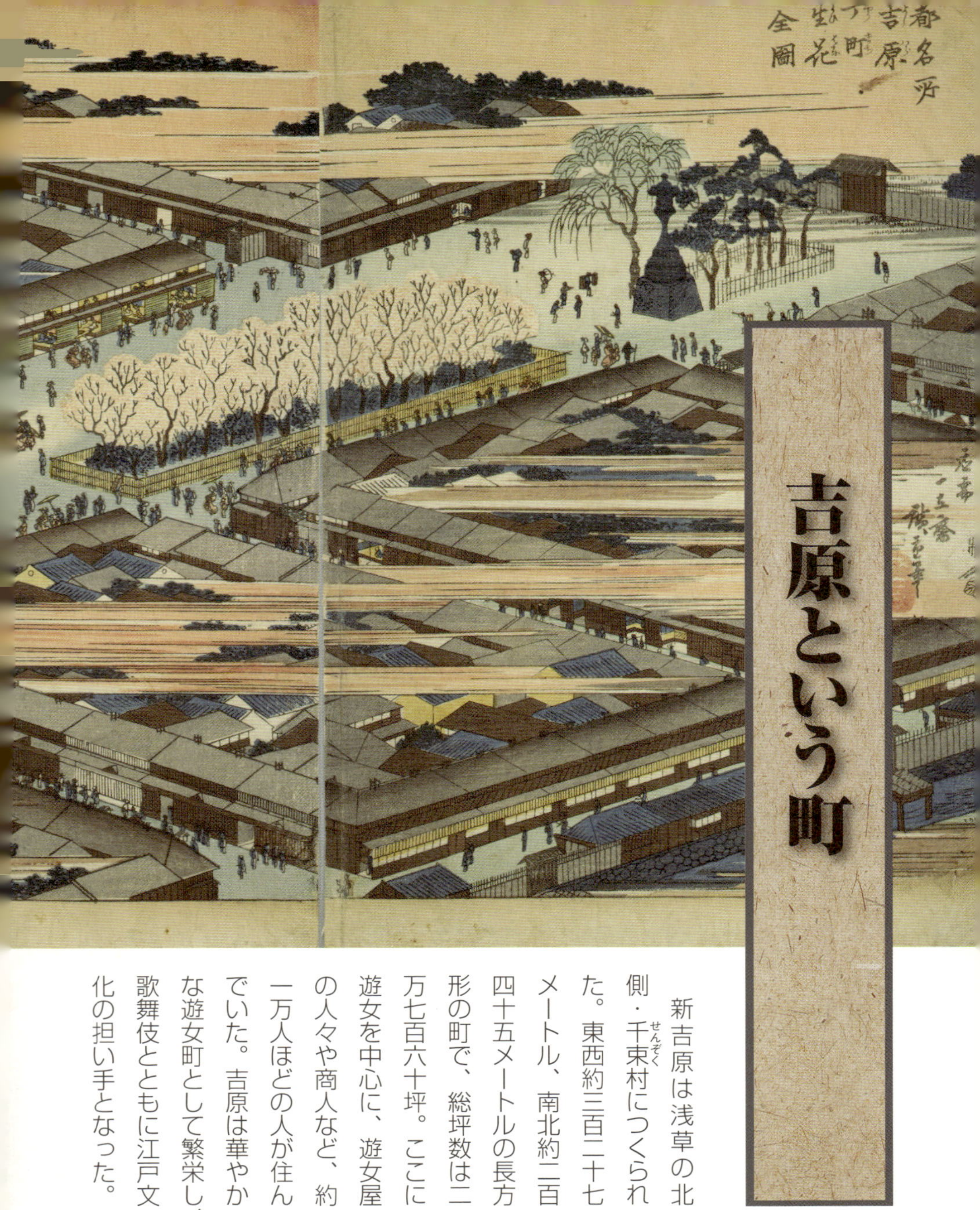

吉原という町

新吉原は浅草の北側・千束《せんぞく》村につくられた。東西約三百二十七メートル、南北約二百四十五メートルの長方形の町で、総坪数は二万七百六十坪。ここに遊女を中心に、遊女屋の人々や商人など、約一万人ほどの人が住んでいた。吉原は華やかな遊女町として繁栄し、歌舞伎とともに江戸文化の担い手となった。

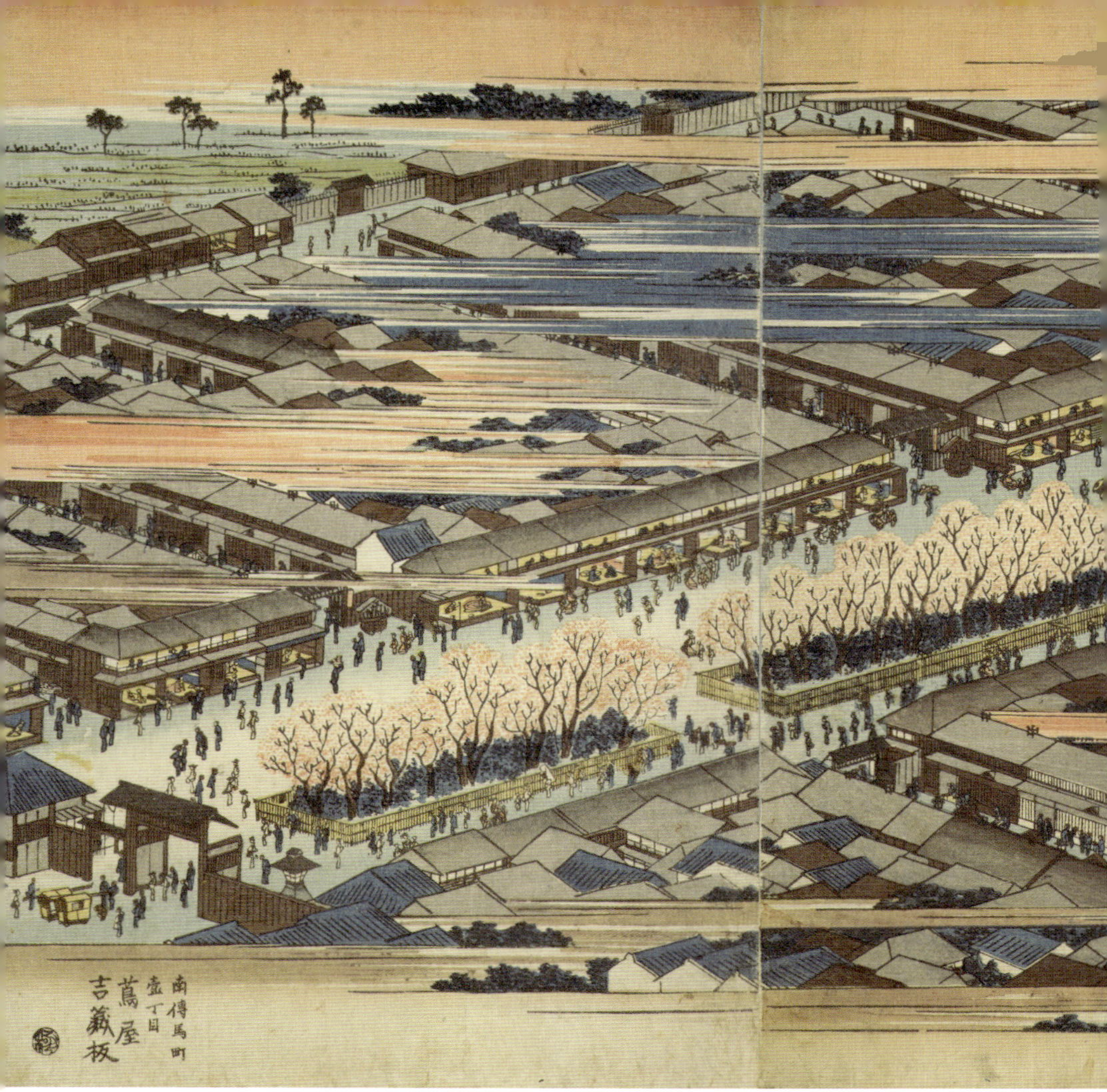

（上）左下にある門が、吉原唯一の出入り口である大門（おおもん）。桜が植えられているのが、吉原のメインストリート・仲の町。（『東都名所　新吉原五丁町弥生花盛全図』歌川広重、国立国会図書館蔵）
（下）大門の外にある見返り柳と衣紋坂。衣紋坂には茶屋が軒を連ね、吉原に向かう駕籠が行き交う。（『江戸高名会亭尽　新吉原衣紋坂日本堤』歌川広重、国立国会図書館蔵）

（上）遊女屋の一階で張見世（はりみせ）をする遊女たち。遊女屋にはこのように格子がはめられ、遊女は格子の向こうに座って顔見世をした。（『青楼年中行事』喜多川歌麿、写真提供／アフロ）
（下）遊女屋の一階。遊女屋は二階建てで、内湯もついた贅沢な造りだった。そのなかで多くの奉公人たちが働いていた。（『新吉原江戸町二丁目丁字屋之図』鳥居清長）

仲の町を歩く遊女。遊女の前を歩くのは二人の新造（しんぞ）。吉原に桜が植えられるのは毎年四月だけで、葉が落ちると片づけられた。（『東都三十六景　吉原仲之町』歌川広重、国立国会図書館蔵）

吉原遊びと遊客たち

吉原遊廓には町人、商人、武士など、さまざまな身分の男が遊びにきた。祭りや縁日などが行われる日には、女性や子供もやってきて吉原の一日を楽しんだ。吉原は江戸の観光名所のひとつでもあり、地方から来た人々も物見遊山に出かけた。また、吉原には独特のしきたりもあった。

（上）遊女屋の二階の座敷で遊興する遊女と客。右下の階段の側に置かれているのは、廓（くるわ）内の仕出し屋である「台屋」が持ってきた料理。多くの酒と料理が座敷に色を飾った。（『吉原遊郭娼家之図』歌川国貞）
（下）遊女と客が遊ぶのは遊女屋だけではない。仲の町沿いに軒を連ねていた引手茶屋（ひきてぢゃや）も遊興の場であった。大見世（おおみせ）の遊女と遊ぶときは、客は必ず引手茶屋に寄らなければならなかった。図は大門をくぐってすぐ先にある山口巴屋という引手茶屋での遊興の様子。（『吉原大門図』部分、鈴木其一）

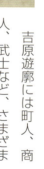

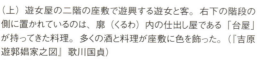

国貞画

山口巴屋

（左上）吉原の裏通りにあった下級の遊女屋「切見世（きりみせ）」では、客の着物を引っ張るなどして強引に見世のなかに引き込んで客にするところもあった。図は切見世の遊女に職人姿のなまずが引き込まれそうになっている場面。なまずに取りついているのは禿（かむろ）。（『治る御代ひやかし鯰』絵師不明）

（右上）吉原が火事にあって全焼した場合は、近隣の村での仮営業が許された。図は1855年（安政２）の大地震で吉原がつぶれてしまったとき、深川で仮宅を開いたときのもの。「大黒屋仮宅」というのぼりが立てられている。大黒屋は吉原でも有名な遊女屋である。（『安政見聞誌』部分、鳥居清長）

（下）遊女と一晩を過ごした客が帰るところ。左に座っているのは番頭新造、右に座っているのは振袖新造。このあと遊女は階段下まで客を見送る。（『其由縁十二時計　卯ノ刻』部分、歌川豊国、早稲田大学図書館蔵）

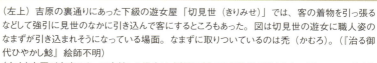

吉原の主役・花魁の姿

吉原の代名詞ともいえる、華やかな花魁道中《おいらんどうちゅう》。花魁は吉原の遊女のなかで、もっとも高級な遊女である。花魁たちは美しく着飾って、道行く客の目を楽しませた。

「苦界《くがい》十年」といわれる辛い境遇にありながら、浮世絵などに描かれる遊女たちは常に明るい表情を見せてくれる。

(右) 花魁道中を行う高級遊女。花魁に従っているのは遊女見習いの禿と呼ばれる少女。(『雛形若菜の初模様』 鳥居清長)

(左) 仲の町張りをする遊女。高級遊女は遊女屋から仲の町の茶屋まで道中を行い、茶屋で顔見世をした。(『あふぎや内にほてる、なミぢ、あふミ』 鳥居清長)

(下) 花魁道中の様子。一人の花魁に対して多くの供の者が付き従った。(『江戸名所 よし原仲の丁桜道中』 歌川広重)

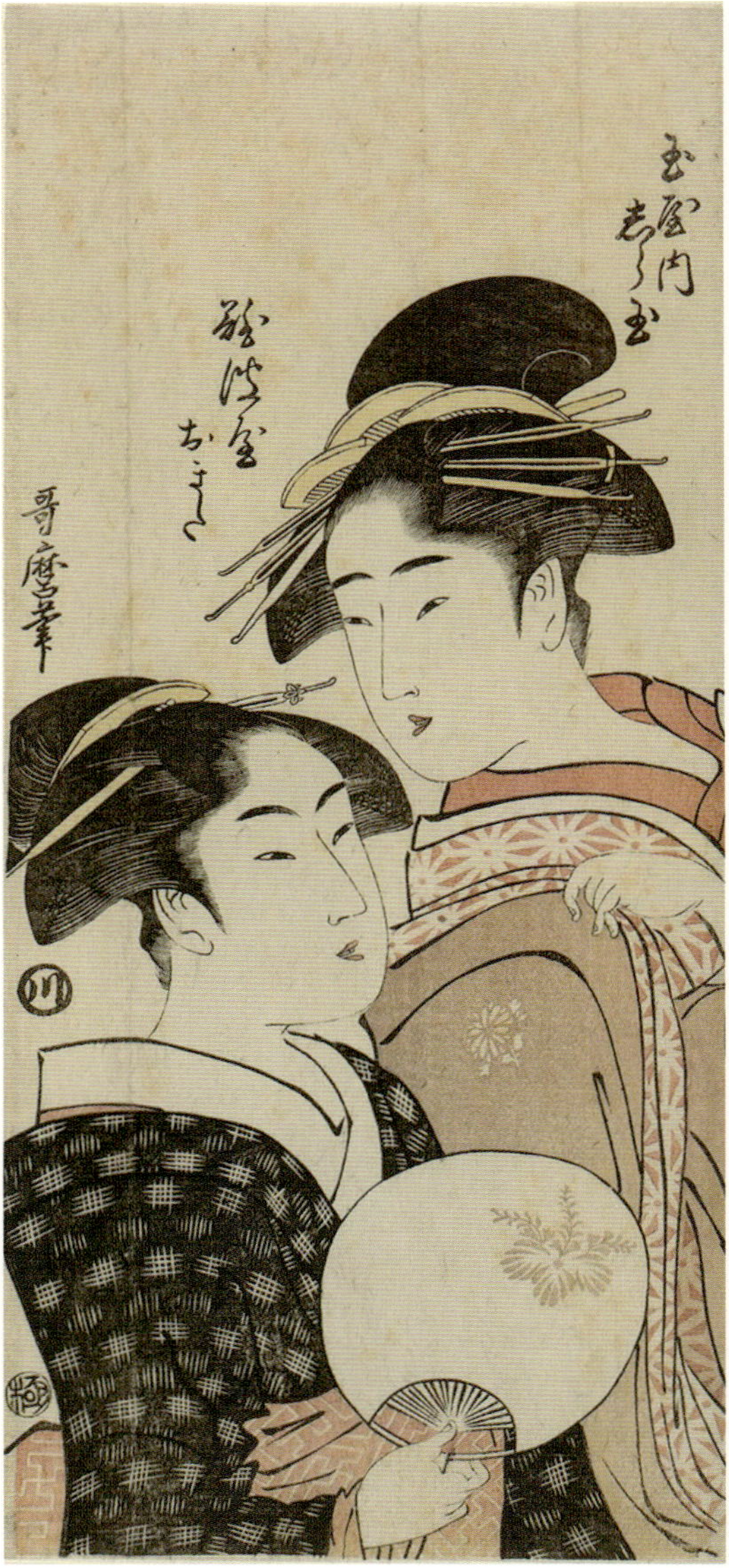

（左）禿と新造を引き連れての道中。図の遊女は、松葉屋という遊女屋に所属していた「粧（よそおい）」という有名な花魁。高級遊女には、遊女見習いの禿と新造がお付きとなり、身の回りの雑事をこなした。その代わり、禿と新造の生活費はお付きの遊女がすべて支払った。禿と新造は、お付きの遊女から吉原での作法などを教え込まれ、のちに遊女として独り立ちした。（『松葉屋内 粧ひ』 喜多川歌麿）

（右）吉原の遊女は、歌舞伎役者と並ぶ江戸のスターでもあった。個人名入りの浮世絵も多く描かれ、市井の女性たちは浮世絵の遊女の髪形や着物を真似た。そのため吉原発信の流行も多く、吉原の遊女たちは当時のファッションリーダーともいえる存在であった。（『玉屋内 志ら玉 難波屋おきた』 喜多川歌麿）

序章

遊女・遊廓のルーツを探る——吉原以前の遊女とは

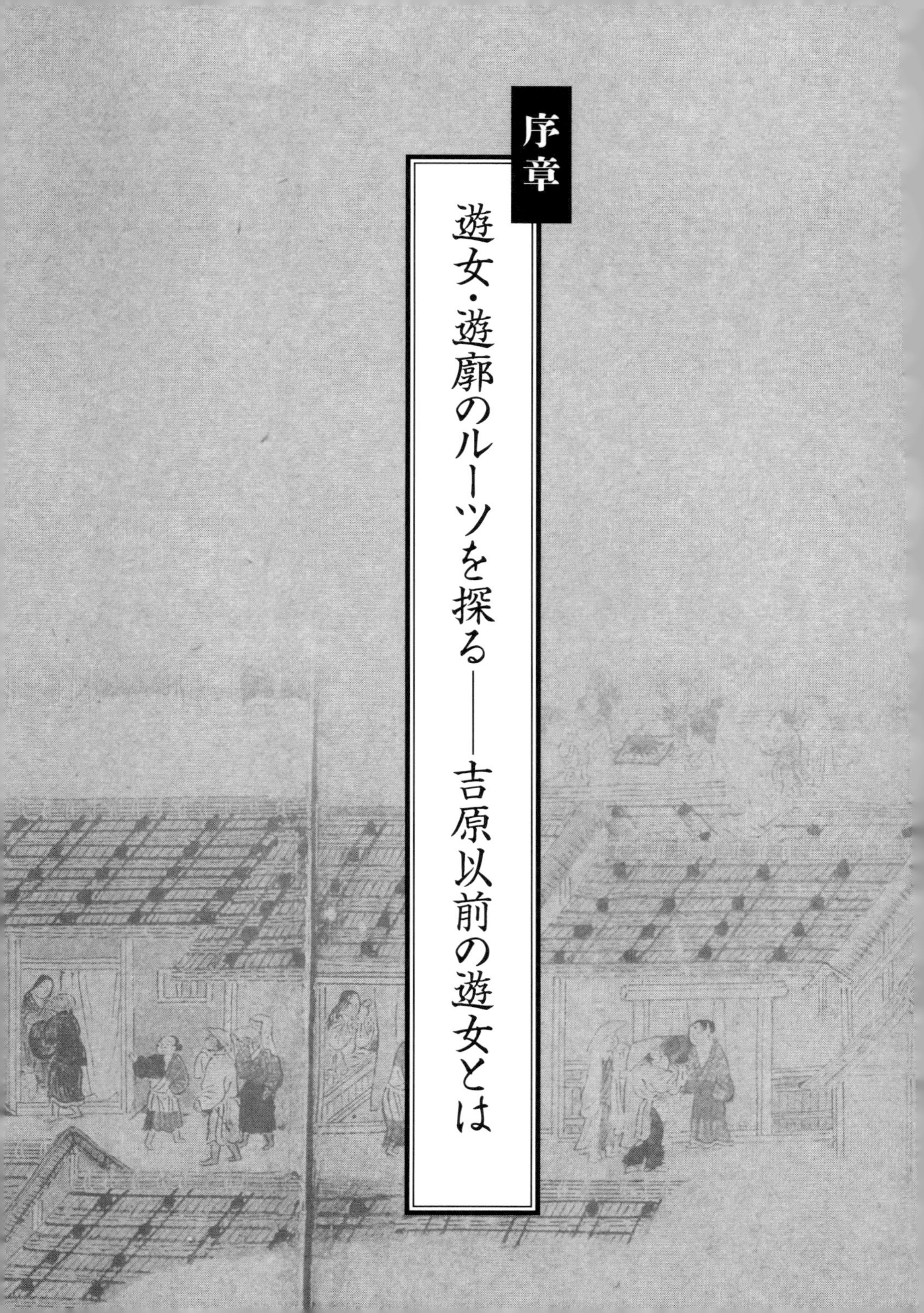

遊女の祖先は誰か？

遊女のルーツは『万葉集』に出てくる「遊行女婦」か？

「遊女《ゆうじょ》」のルーツをたどると、古代までさかのぼることになる。

古代の遊女は、「遊行女婦」あるいは「宇加礼女」と書かれ、「あそびめ」あるいは「うかれめ」と読んだ。遊行女婦がはじめて登場するのは『万葉集《まんようしゅう》』（770年〈宝亀《ほうき》1〉頃成立）だが、ここに五人の遊行女婦が登場する。このなかで彼女たちは、地方に赴任した貴族の宴の席に招かれて歌を詠んだり舞を踊ったりしている。

また、歌人として著名な大伴家持《おおとものやかもち》が、越中《えっちゅう》（現在の富山県）に赴任中、同僚の尾張少咋《おわりのおくい》という貴族に贈った、「里人《さとびと》の見る目恥づかし佐夫流児《さぶるこ》にさどわす君が宮出後風《みやでしりぶり》」という歌がある。「里の人から見ても恥ずかしいことだ。佐夫流児に惑わされている君が出勤する後ろ姿は」という意味だが、「佐夫流児」とは遊行女婦のことである。これは、佐夫流児が尾張少咋の現地妻になっていることを前提としてつくられた歌であり、地方に赴任した貴族と遊行女婦が肉体関係をもっていたことがわかる。

昌泰《しょうたい》～延喜《えんぎ》年間（898～923年）につくられた『新撰字鏡《しんせんじきょう》』という辞書には、「婬〈宇加礼女《うかれめ》〉」という項目がある。婬とは「みだら、たわむれる」という意味である。当時、遊行女婦は「みだら」

な行為をする女性であると認識されていたと考えていいだろう。

◉——古代の遊女は娼婦ではなかった

貴族の宴席に呼ばれて歌い踊る女性の源流は、古代日本の「遊部《あそびべ》」という部曲《かきべ》に求められる。部曲とは、有力豪族に仕えていた人々のことで、遊部は殯宮《もがりのみや》（天皇の遺体を葬儀の日まで安置しておく場所のこと）で行われる儀礼を司っていた。

殯宮では、音楽に合わせて歌ったり踊ったりするという神事が行われ、その担い手は主に女性であった。そして、遊部の特権として、諸国を自由に通行できるというものがあった。部曲廃止後の彼女たちのなかには、各地で遊行女婦になった者もあったのではないだろうか。

『神代正語常磐草』（1827年〔文政10〕刊行）に描かれた、巫女の祖先とされる天鈿女命（あめのうずめのみこと）。

遊部を統括する氏族のひとつに、猿女君《さるめのきみ》という豪族がいた。彼らの祖先が、『古事記《こじき》』や『日本書紀《にほんしょき》』に出てくる天鈿女命《あめのうずめのみこと》（『古事記』では天宇受売命）という神様である。天鈿女命は、天岩戸《あまのいわと》に隠れてしまった天照大神《あまてらすおおみかみ》を引き出す際に大いに貢献した神様の一人で、巫《み》女《こ》の祖先ともされている。

遊女のルーツ

ルーツ1
天鈿女命《あめのうずめのみこと》（神代の時代）
➡ 巫女の先祖であり、ルーツ２の遊部の先祖でもある。後世、巫女が遊女と同様の仕事をしていたため、この女神が遊女のルーツと語られることがある。

ルーツ2
遊《あそび》　部《べ》（4~5世紀?）
➡ 殯宮（もがりのみや）内の諸儀礼に供奉する部曲（かきべ）で、歌を歌い舞を踊った。彼女たちは娼婦ではなかったが、部曲廃止後、遊行女婦（あそびめ）になった者もいたと考えられる。

ルーツ3
遊行女婦《あそびめ》（8世紀）
➡ 『万葉集』に登場する女性たち。貴族の宴に呼ばれて歌を詠んだり、舞を踊ったりした。なかには貴族の現地妻になる遊行女婦もいた。

『古事記』によると、天鈿女命は岩戸の前で「神がかりして、胸をはだけて、衣装のひもを性器のなかに押し込んでから前に垂らして踊った」と書かれている。

ここで紹介した女性たちが遊女のルーツといえるが、彼女たちが後世の遊女と決定的に違うのは、彼女たちが娼婦ではなかった点である。

もちろん、佐夫流児のように春をひさいだ女性も存在しただろうが、その対価は金銭ではなかった。また、当時の貴族社会は一夫多妻制であり、社会は男女の肉体関係について寛容であった。人妻が夫以外の男性と肉体関係をもっても、それほど厳しく非難されることはなかったし、遊行女婦と性的な関係をもつことは不道徳なことではなかった。それに、奈良時代から平安時代にかけての王朝時代の日本は、女尊男卑の風潮もあり、遊女は決して卑しい存在ではなかったのである。

遊女が売春を行うようになったのはいつか？

京阪地方にいた船を使う遊女

10世紀中頃に成立した『和名類聚抄《わみょうるいじゅしょう》』という史料に、「白昼の遊行を遊女といい、夜を待ち淫奔《いんぽん》を発するを夜発《やはつ》というなり」という記事がある。遊行女婦《あそびめ》が「遊女」と「夜発」に分かれたわけで、夜発が後世の遊女と同じであろう。

『本朝文粋《ほんちょうもんずい》』という平安時代の漢詩文集には、次のようなエピソードが残されている。

996年（長徳《ちょうとく》2）、源兼資《かねすけ》が伊予守《いよのかみ》（伊予国の国司《こくし》）として赴任するとき、山城《やましろ》国の山崎《やまざき》という地でお別れの宴が開かれた。そのとき見送りにきていたた大江以言《おおえのもちとき》が、宴に同席していた遊女を見て、次のような漢詩をつくった。原文ではわかりづらいので、現代語訳で紹介する。

「河陽《かや》は山城《やましろ》・河内《かわち》・摂津《せっつ》の間にある、天下の要津である。東西南北、往来する者は、ここを通らざるをえない。河陽の風俗は、天下に女色をひけらかして売る者、老いた者も若い者もいる。船を門前につなぎ、客を河のなかで待たせている。若い者は紅と白粉《おしろい》で化粧し、歌い笑って、人の心をとろかし迷わせ、年を取った者は傘をかつぎ、棹《さお》を漕《こ》ぐことを役目としている」

河陽とは当時、山城国の国衙《こくが》（国司が政務を行う役所）があった地で、交通の要衝であるとともに

『法然上人行状画図』（国立国会図書館蔵）に描かれた室津の遊女。三人の遊女が小船に乗り、一人は棹を漕ぎ、一人は遊女に傘を差し掛けており、大江以言が漢詩に書いたような光景が見られる。

港町として栄えた。そこには、遊女がいて、彼女たちは天下に女色を売っているというのである。別の史料によると、河陽の遊女は当時の摂政《せっしょう》・藤原兼家《ふじわらのかねいえ》の二条京極殿《にじょうきょうごくでん》の新築落成の祝いの席にも出席しており、当時、河陽の遊女は京では有名な存在だった。

　河陽の遊女のように、平安時代の京阪方面には小船を利用する遊女がいたようで、その様子が『法然上人行状画図《ほうねんしょうにんぎょうじょうがず》』という絵巻物に描かれている。

　播磨《はりま》国（現在の兵庫県）室津《むろつ》の遊女を描いたものだが、大江以言が描写したように、棹を漕ぐ遊女と傘をさす遊女がいたことがわかる。当時の遊女たちは、こうして船で営業していた。ちなみに、この絵は法然が土佐《とさ》に流罪になったときの様子を記したもので、1

027年（建永《けんえい》2）の頃の様子である。

また、平安時代末期（1180年〔治承《じしょう》4〕頃）に編纂された『梁塵秘抄《りょうじんひしょう》』という歌集によると、傘をかざす遊女を「おほがさかざし」といい、棹を漕ぐ遊女を「ともとりめ」といい、と書かれている。

●――売春を生業とする娘

1052年（永承《えいしょう》7）頃に書かれた『新猿楽記《しんさるがくき》』という本がある。中級貴族の藤原明衡《あきひら》が書いたもので、祭り見物にやってきた右衛門尉《うえもんのじょう》という貴族の家族たちを紹介するくだりがあり、そのなかに「遊女」を生業としている娘が登場する。

それによると、その娘は遊女・夜発の長者（主人）であり、江口《えぐち》（現在の大阪市東淀川区内）で営業している。昼は大きな傘の陰で男に身を任せ、夜は船に乗って淀川《よどがわ》の河口を往来する旅人たちを誘い、相手を選ばず淫欲にふけり、情事をほしい

COLUMN 地方にも遊女はいたか？

古代に遊女がいたとしても、それは都のほか大宰府《だざいふ》や大きな港町など交通の要衝くらいであったろう。しかし、奈良時代末期に街道が整備されて駅家《うまや》（宿駅のこと）が置かれるようになると、全国に広がっていった。駅家にはたいてい神社が置かれ、境内では市が立つ。宿泊施設も併設されるようになり、駅家はにぎわいを見せた。駿河《するが》の浅間《せんげん》神社や伊豆《いず》の三島《みしま》大社、伊勢《いせ》の伊勢神宮など、神社のそばに遊女町があることも多いことからも、奈良時代の頃から、遊女たちが各地の駅家に集まってきたと考えられている。

ままにしているという。そして、わざを尽くし、伏臥《ふくが》したり仰臥《ぎょうが》したりするとともに、龍飛《りゅうひ》・虎歩《こほ》の房事を行う、と書かれている。龍飛・虎歩は体位の一種とされ、この娘が売春を行っていたことがわかる。また、彼女は遊女・夜発の女主人とあることから、遊女をまとめて監督する立場、いうなれば後世の遊女屋のような者がいたことも明らかである。こうして見ると、10世紀後半から11世紀にかけて、売春を生業とする遊女が誕生したことが推測される。

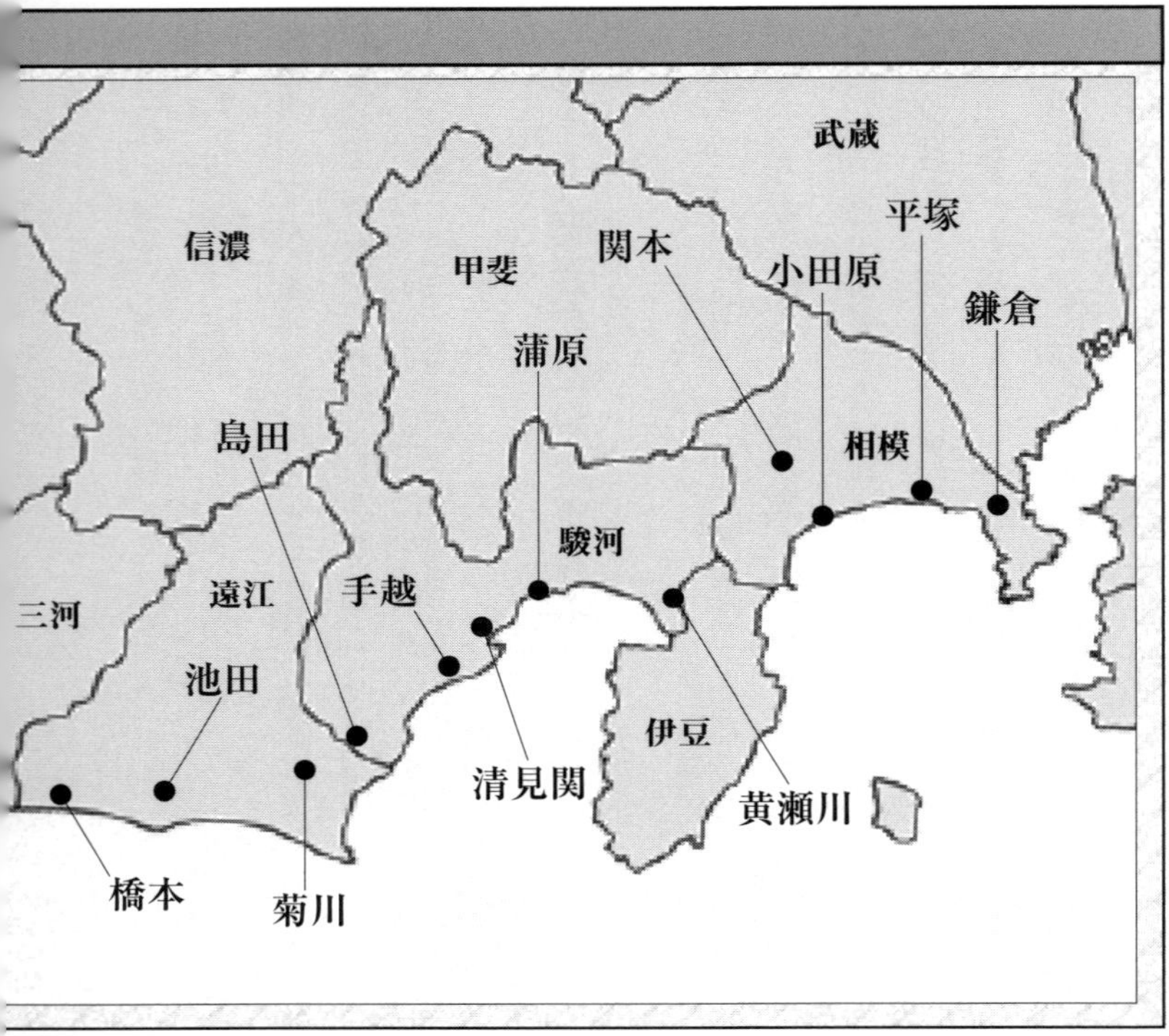

『新猿楽記』で紹介された娘は江口で遊女をしていたが、江口は淀川河口にあった摂津国（現在の大阪府の一部）の港町で、平安時代末期には遊女が多く住んでいたことで知られる。『遊女記《ゆうじょのき》』という平安時代末期に書かれた史料によると、江口の遊女も船を利用していたが、京に上って貴族の宴席にも侍ったという。そのため、江口

鎌倉時代末期の遊女の主な拠点

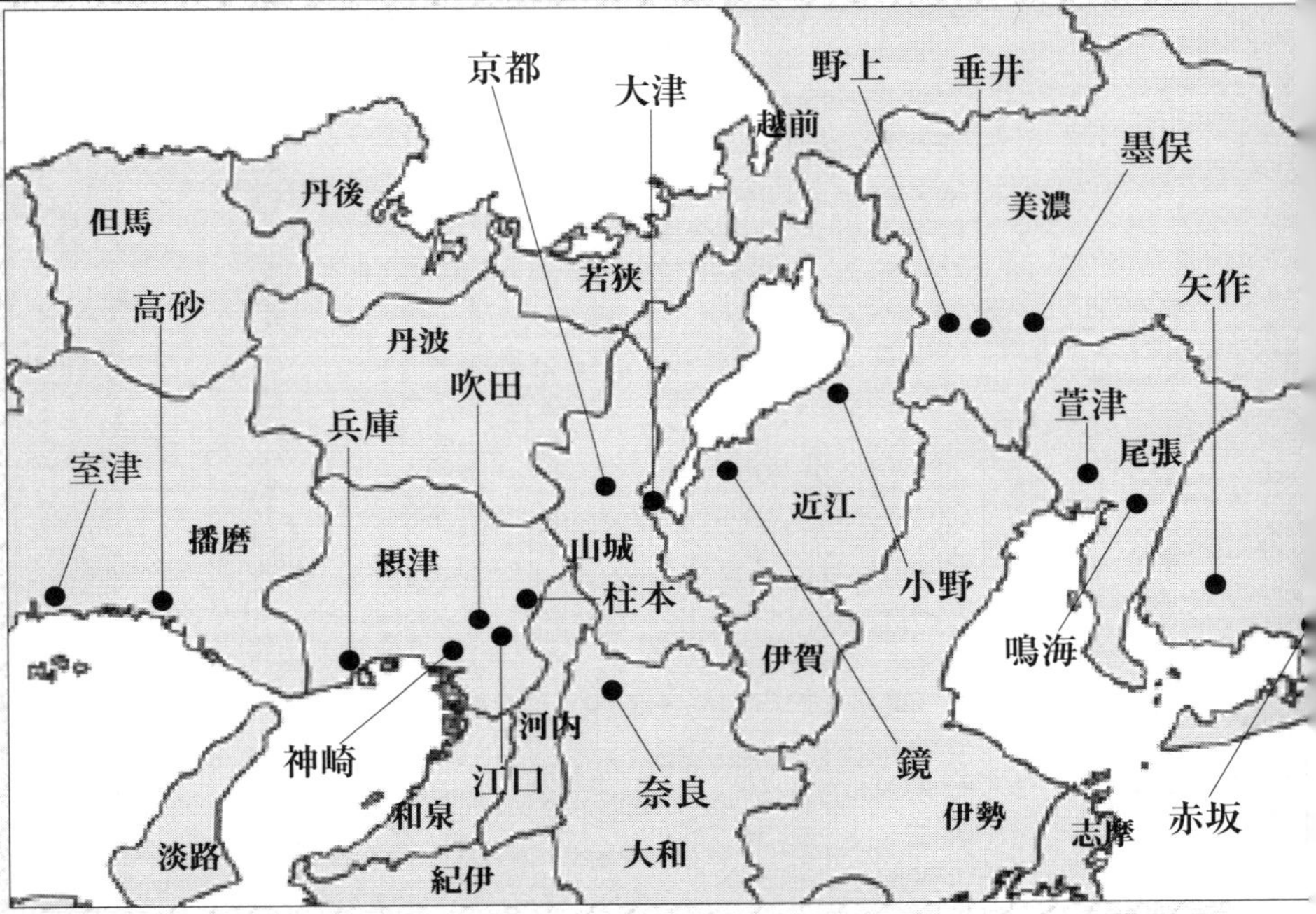

の遊女のなかには和歌に秀でた者もおり、『古今和歌集《こきんわかしゅう》』などの勅撰集に選ばれた遊女もいた。

こうした遊女のほかに、「白拍《しらびょう》子《し》」と呼ばれる者がいた。白拍子とは、水干《すいかん》（平安時代の貴族が元服前に着ていた服）に袴姿の男装で歌い舞った女性のことで、平安時代末期に盛んになった。平清盛《たいらのきよもり》の愛妾・祇王《ぎおう》や、源義経《みなもとのよしつね》の愛妾・静御前《しずかごぜん》は白拍子出身と伝えられている。

白拍子もまた、貴族などの邸宅に参上して舞を踊り、床の相手もした。しかし、それは売春という形態ではなく、身分の高い者に見初められることを目的としたものだった。

鎌倉時代以降の遊女たち

鎌倉・室町幕府にあった「遊君別当」とは

1180年（治承《じしょう》4）からはじまった源平合戦の結果、源頼朝《みなもとのよりとも》が覇権を握り、日本は武士社会に突入した。しかし、遊女にとっては権力者が貴族だろうが武士だろうが関係なかった。

1180年（治承4）、駿河《するが》国富士川《ふじがわ》河畔で、源氏軍と平維盛《たいらのこれもり》軍がぶつかり、源氏軍が勝利した。この富士川の戦いは、平家軍がいっせいに飛び立った水鳥の音に驚いて醜態をさらした逸話で有名だが、このとき平家軍は「遊君遊女ども召し集め、遊び酒宴」にふけっていたと、『平家物語《へいけものがたり》』に書かれている。『平家物語』にはそのほかにも、平氏・源氏軍がともに遊女を召し集めて酒宴を行っている様子が描かれており、当時、遊女が戦陣に呼ばれる存在であったことがわかる。

1193年（建久《けんきゅう》4）5月、源頼朝が富士の裾野で一カ月という大規模な巻狩《まきが》り（軍事訓練のための狩りのこと）を行い、休日には酒宴を開いた。その場にも遊女が呼び寄せられたが、頼朝はそのとき里見《さとみ》義成《よしなり》を「遊君別当《ゆうくんべっとう》」という役職につけたと『吾妻鏡《あづまかがみ》』（鎌倉幕府が編纂した歴史書）には書かれている。別当とは、鎌倉幕府の役所の長官のことで、里見義成は遊女間の争いを調停するなど、遊女たちの取り締まりを行う役目を担ったのである。このとき遊女と幕府は結びついたのだった。

室町幕府が設置した「傾城局」

鎌倉幕府の遊君別当はいつしかなくなり、室町幕府になったあとも再興されなかったが、1528年（大永《だいえい》8）、室町幕府は「傾城局《けいせいのつぼね》」という機関を設置した。傾城とは遊女の別名であり、役割は鎌倉幕府の遊君別当と同じである。

ひとつ違うのは、傾城局は遊女に官許の鑑札《かんさつ》を与え、年十五貫文（当時の大工の日当の百日分くらい）の税金を遊女から取り立てたことである。当時の室町幕府は、将軍が何度も京を追い出されるなど権威も機能が低下しており、畿内の一大名に過ぎない存在になっていた。一方で幕府のメンツは保たなければならず、金に困窮していた。そのため苦肉の策として、遊女からも税金をとることにしたのだ。

この政策により、室町幕府が江戸幕府に先んじ

COLUMN なぜ遊廓は〝廓〟というのか？

廓《くるわ》とは、もともと城の周りを囲った囲いのことで、郭とも書く。〝城郭〟の郭である。

江戸時代に入り、現在の人形町《にんぎょうちょう》付近に遊女町をつくるにあたり、幕府はほかの町と隔離するために、遊女町の周りに堀をめぐらした。これがお歯黒どぶであるが、その構えが城を囲んだ囲いに似ていたため、廓と称されるようになり、「遊廓」と呼ばれるようになった。江戸時代当時の人々は遊廓のことを「廓」と呼んでおり、いつしか廓といえば城ではなく遊廓のことになったという。

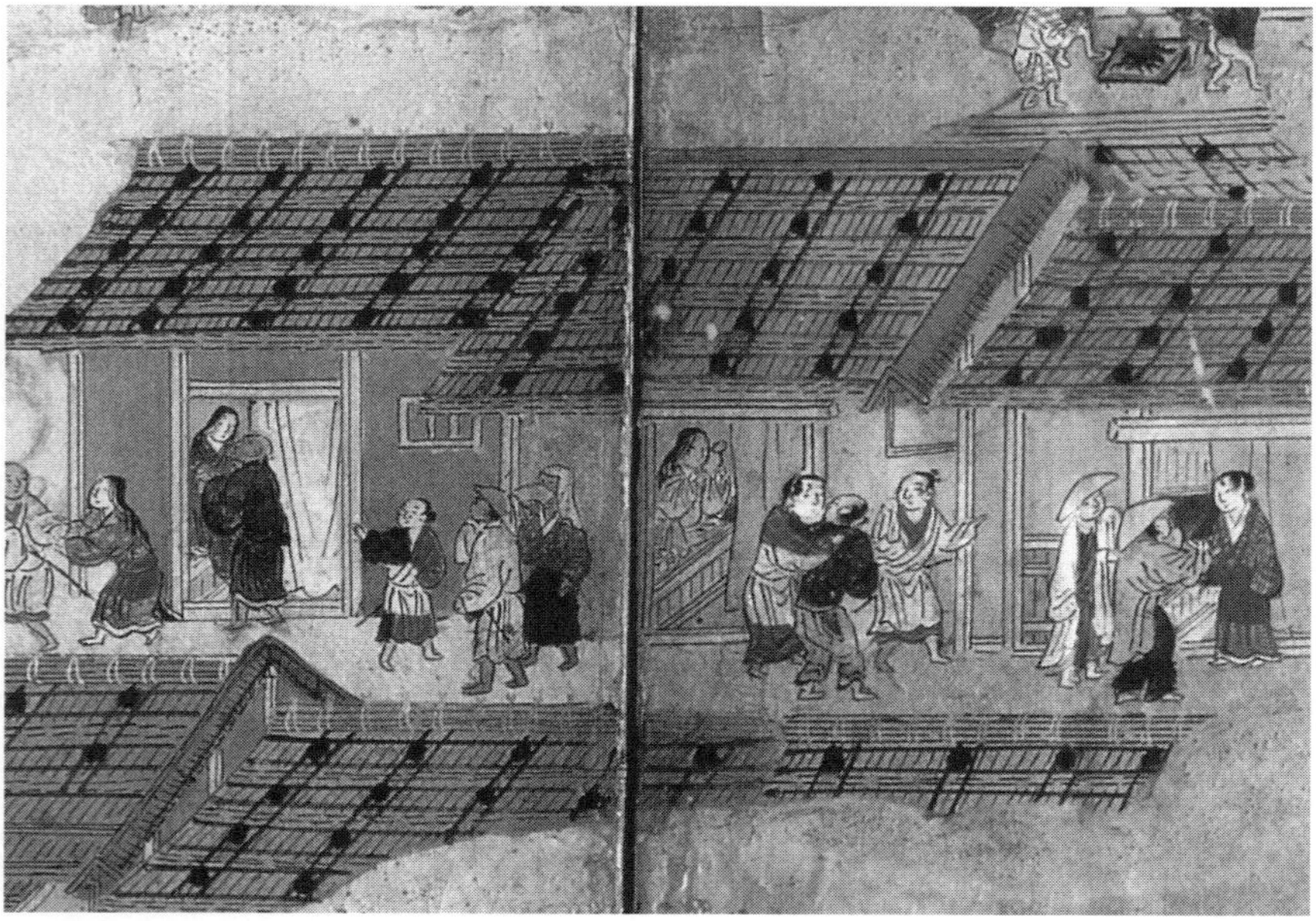

『洛中洛外図屏風』(上杉博物館蔵)に描かれた安土桃山時代の京の遊女。長屋のような家にいる遊女たちが、道行く男に声をかけている。江戸時代のような派手な身なりはしていない。

て、遊女を公認することになったのである。

◉——秀吉が許した遊女町

戦国時代が終わり、豊臣秀吉《とよとみひでよし》が覇権を握ると、秀吉は1585年(天正《てんしょう》13)に大坂、1589年(天正17)に京都の遊女町を公認した。秀吉の拠点が大坂だったからである。秀吉も、遊女を召し出し、宴などに参加させた。この制度は、のちの江戸時代にも引き継がれる。

当時は江戸時代のように〝廓《くるわ》〟で町を囲むようなことはなかった。また、秀吉も室町幕府の制度を踏襲して、京の遊女町からは「落銭《おちせん》」と称する税金を徴収した。

第一章

遊廓と遊女の誕生——公認された遊女町

なぜ江戸幕府は遊廓を公認したのか？

江戸で繁盛した傾城屋

1603年（慶長《けいちょう》8）に征夷大将軍となった徳川家康《とくがわいえやす》が江戸に幕府を開くと、日本の中心は上方から徐々に江戸へと移りはじめた。江戸城の改築、増築が行われることとなり、各国から多くの人たちが江戸に集まった。しかし、集まってきたのは武士や職人、人足といった男性ばかりで、その結果、江戸の人口は爆発的に増えたものの、男性が圧倒的多数を占めた。そして、これに目を付けた駿河《するが》や上方の遊女屋が江戸に移転してきた。

当時、遊女を置く家を傾城《けいせい》屋といった。『異本洞房語園《いほんどうぼうごえん》』という吉原について書かれた江戸時代の随筆によれば、麹町《こうじまち》（現在の東京都千代田区麹町）、鎌倉河岸《かまくらかし》（現在の東京都千代田区神田あたり）、京橋角町《きょうばしすみちょう》（現在の東京都中央区京橋あたり）などに多く存在していたという。江戸の傾城屋は大いに栄え、遊女の数も増えた。1605年（慶長10）には、幕府が遊女百余人を箱根以西に追放するという政策を取らざるを得ないほど、江戸の傾城屋は繁盛した。

ちょうどその頃、江戸の傾城屋の楼主《ろうしゅ》（遊女屋の主人のこと）たちが合同で、幕府に対して、江戸に公認の遊女町をつくりたいと願い出た。そこで幕府が、将軍の家康に意向を尋ねたところ、

「日本国中の諸武士末々者に至るまで江戸に来りて諸国になき楽しみを致さんと存知、勇み寄るこそよけれ、苦しからざる間はその分に永々さし置き候へとの神君の御儀にて云々」（『事跡合考《じせきがっこう》』）

ということだった。ようするに、日本中から人が集まってくる以上、政治権力だけで取り締まることは困難だから、不都合がない間はそのままにしておけということだ。神君家康の意向により江戸の遊女屋は存続したのだが、この時点で公認の遊女町はまだなかった。

遊廓設置の三カ条

1612年（慶長17）、庄司甚内《しょうじじんない》という楼主が、傾城屋の代表となって改めて、町奉行《まちぶぎょう》の米津勘兵衛《よねづかんべえ》らに遊女町の設立要望書を提出した。当時、駿河や京、大坂にはすでに遊女町がつくられており、日々繁栄を続ける江戸にも遊女町を設けるべきだ

COLUMN 庄司甚内とは何者なのか？

吉原遊廓誕生の立役者である庄司甚内は、相模国《さがみのくに》出身で、小田原北条家《おだわらほうじょうけ》に仕えていた武士の子であったという。甚内が十五歳のときに父が死去し、それを機に甚内は江戸に出て、遊女屋を開業した。武家の出身でありながら遊女屋の身分まで成り下がったことを恥と思っていた甚内は、生涯、父親の姓名を明かさなかったという。

一方、甚内は、駿河の元吉原宿で旅籠《はたご》屋を開き、もともとそこに私娼を置いていたともいわれ、江戸の発展を見越して移住してきたとする説もある。

というのが庄司の主張だった。

それとともに庄司は、遊女町の設置理由として、三つの悪行を防げると述べた。それは次のとおりである。

一、引負《ひきおい》、横領之事（使い込みや横領）

二、人を勾《かどわか》し、並《ならびに》養子娘之事（人をかどわかしたり、養女にして遊女奉公に出すこと）

三、諸浪人、悪党、並欠落《かけおち》者之事（浪人、悪党、失踪者を探せること）

庄司の主張はこうである。

傾城屋通いが長期間に及ぶと、自然と奉公を怠るようになり、その結果、他人の金を盗んだり、奉公先の金を使い込んだりといった事態を引き起こす。これは傾城屋に通う客も悪いが、客に長居をすすめる傾城屋も悪い。傾城屋を一カ所に集めれば、一日一夜以上の宿泊を許さない規則にして、十分に監視の目を働かせることができる。そうすれば、横領や使い込みは減るはずである。

次に、当時の傾城屋には悪質な店も多く、他人の娘を誘拐してきて遊女にしているところもあった。また、困窮者の娘をもらい受けて養女としたうえで、彼女たちを遊女奉公に出し、実の父母には少々のお金で泣き寝入りさせるところもあった。遊廓を設置すれば、こうした悪質な遊女屋を取り締まることができる。

また、不逞の浪人や逃亡中の者は、傾城屋を格好の居所としているが、傾城屋が一カ所にまとまれ

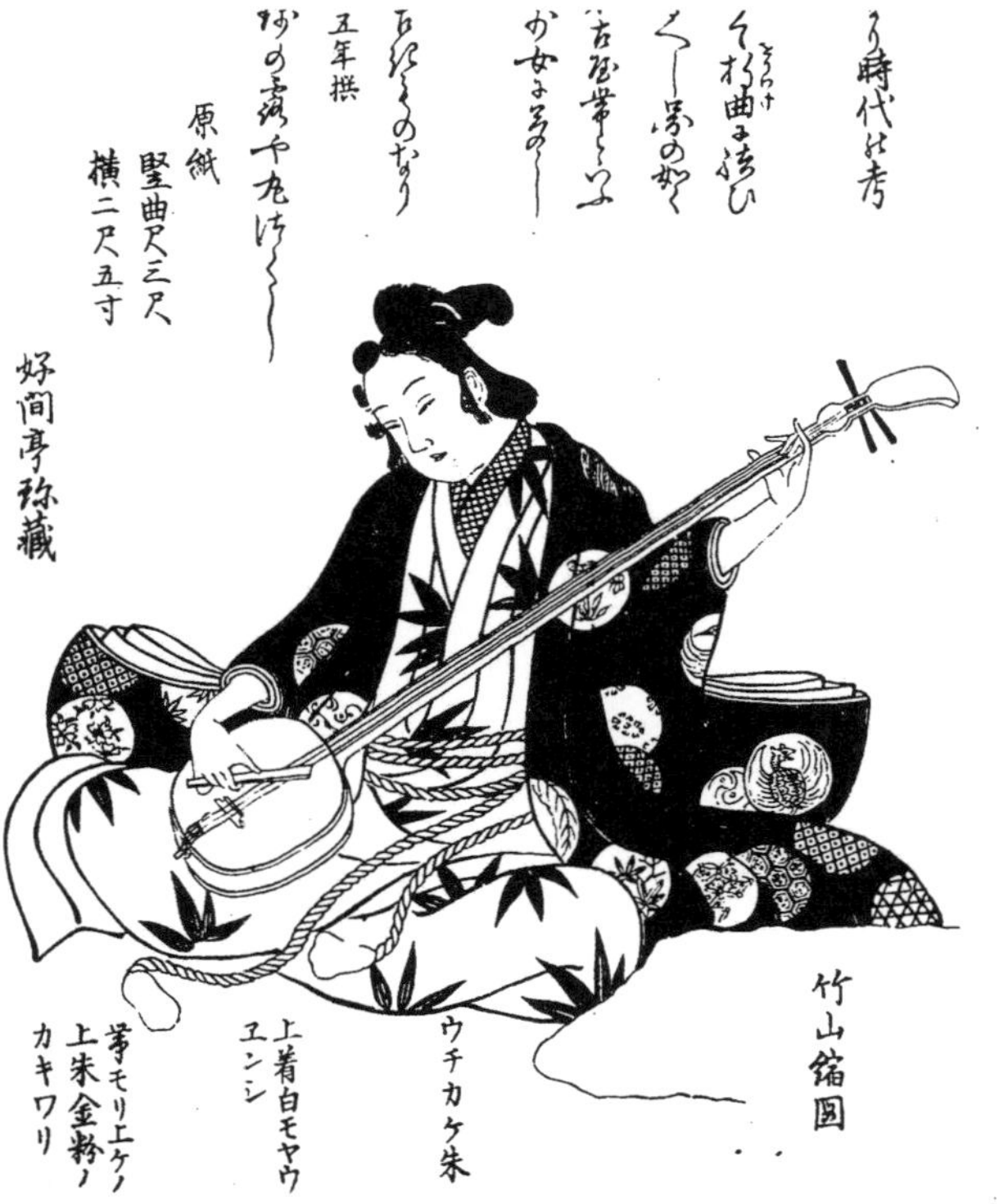

江戸時代初期の遊女（『近世女風俗考』より）。
江戸時代中期以降の吉原の遊女に比べると、かんざしなどは挿しておらず、それほど華美ではない。ただ、朱色の打掛を羽織るなど、安土桃山時代の遊女（28ページの図版参照）の衣装よりは派手なものになっている。

ば、こういう者どもを見逃さずに届け出ることができる。当時は関ヶ原の戦いから十年以上も経っていたが、西軍の残党が浪人となって江戸にも入り込んでいたのである。

ようするに、遊廓を設置すれば、江戸の治安維持に一役買えるという理屈付けであった。

しかし、庄司の要望はすぐには聞き入れられなかった。幕府が遊女町を公認するのは、大坂の陣が終わってからの1617年（元和《げんな》3）のことである。

幕府としても、繁盛し続ける遊女屋を放置するより、監視下における体制を選んだのであった。

吉原を開設するための五つの条件とは？

◉―幕府が吉原に与えた守るべき義務

1617年（元和《げんな》3）3月、町奉行《まちぶぎょう》・嶋田利政《しまだとしまさ》は庄司甚内《しょうじじんない》を評定所《ひょうじょうしょ》（幕府の司法機関）に呼び、江戸の一カ所に限って遊廓を設置する許可を与えた。吉原遊廓の誕生である。場所は、現在の日本橋人《にん》形町《ぎょうちょう》あたりで、当時は湿地帯だった。幕府は遊廓設置に際して「元和五カ条」と呼ばれる条件をつけた。『新吉原由緒書《しんよしわらゆいしょがき》』という江戸時代の史料によると、次の五カ条である。

一、**傾城《けいせい》町のほかで傾城商売をしてはならない。また、傾城町の外から雇い入れた遊女でも、傾城町以外のところへ派遣してはならない。**

これは、吉原以外で遊女屋を経営してはならないということと、吉原の遊女の貸し出しを禁止している。当時は、武家屋敷での接待や歓待のときに遊女が招かれることがあり、幕府はそれを禁止したのである。

一、**傾城買いは、一日一夜以上の長留をしてはならない。**

すでに述べたように、使い込みや横領を防ぐための方策である。

一、**遊女の衣類は、金箔や銀箔を張り付けた奢侈《しゃし》な衣装は禁止し、藍染《あいぞめ》の着物を着ること。**

吉原開設の五カ条

一、吉原以外での遊女屋稼業はしないこと

一、遊女屋には一日一夜以上泊まらせないこと

一、遊女には贅沢な衣類を着させないこと

一、遊女屋の店構えは質素にすること

一、不審者がいたら必ず奉行所に訴え出ること

一、傾城町の家の造りは派手にせず、町役《まちやく》は江戸の格式どおりに勤めること。

この二つの規定は、質素倹約に努めることを要求したものだ。また、町役というのは、年頭や将軍代替わりのときに献上物を差し出したり、江戸城の畳替えや、道路や橋の修繕などに人を派遣することをいい、吉原もこうした義務を負えということである。

一、武士・商人の区別なく、出所の確かでない不審者が徘徊していたら、住所を吟味し、いよいよ不審であると感じたら、奉行所へ訴え出ること。

これは、大坂の陣が終わったばかりのことでもあり、豊臣家の残党が入り込むことを警戒しての規定である。

これらの条件を守ることを前提に、吉原遊廓の町づくりが許可され、土地が支給されたのである。

吉原はどこにあったか？

人形町に創設された遊女町

幕府の許可を得た庄司《しょうじ》甚内《じんない》は、１６１７年（元和《げんな》３）夏頃から遊廓の建設に取り掛かった。当時、人形町《にんぎょうちょう》一帯は葭《よし》や茅《かや》が生い茂る湿地帯で、庄司はそれらを刈り取り、近辺に橋を架けるなどして、翌年十一月頃になんとか営業できる状態にした。ちなみに、葭を刈り取って町をつくったので「葭原《よしわら》」と名付けられ、のちに縁起のいい「吉」の字を使って「吉原」に変えたという。

人形町界隈に発足した吉原は、周囲の町と区別するために四方に堀をめぐらし、出入り口の大門《おおもん》を取り付けた。大門は、吉原にとって唯一の出入り口だった。出入り口が一つしかないのは、遊女の逃亡を防ぐとともに、不審者の取り締まりにも好都合だったからだ。大門を入って右側が江戸町《えどちょう》一丁目で、そこに庄司の遊女屋があった。その先に京町《きょうまち》一丁目があり、そこには麹町《こうじまち》にあった京都六条《ろくじょう》出身の傾城屋が集まった。江戸町一丁目の向かい側が江戸町二丁目で、柳町《やなぎちょう》ともいった。ここには鎌倉河岸《かまくらかし》の傾城屋《けいせいや》が移ってきた。その先が京町二丁目で、上方から来た傾城屋が集まった。江戸町二丁目と京町二丁目の間に角町《すみちょう》があり、ここには京橋《きょうばし》角町にあった傾城屋が移ってきた。

このように、元吉原はのちの新吉原と同じような街並みであった。

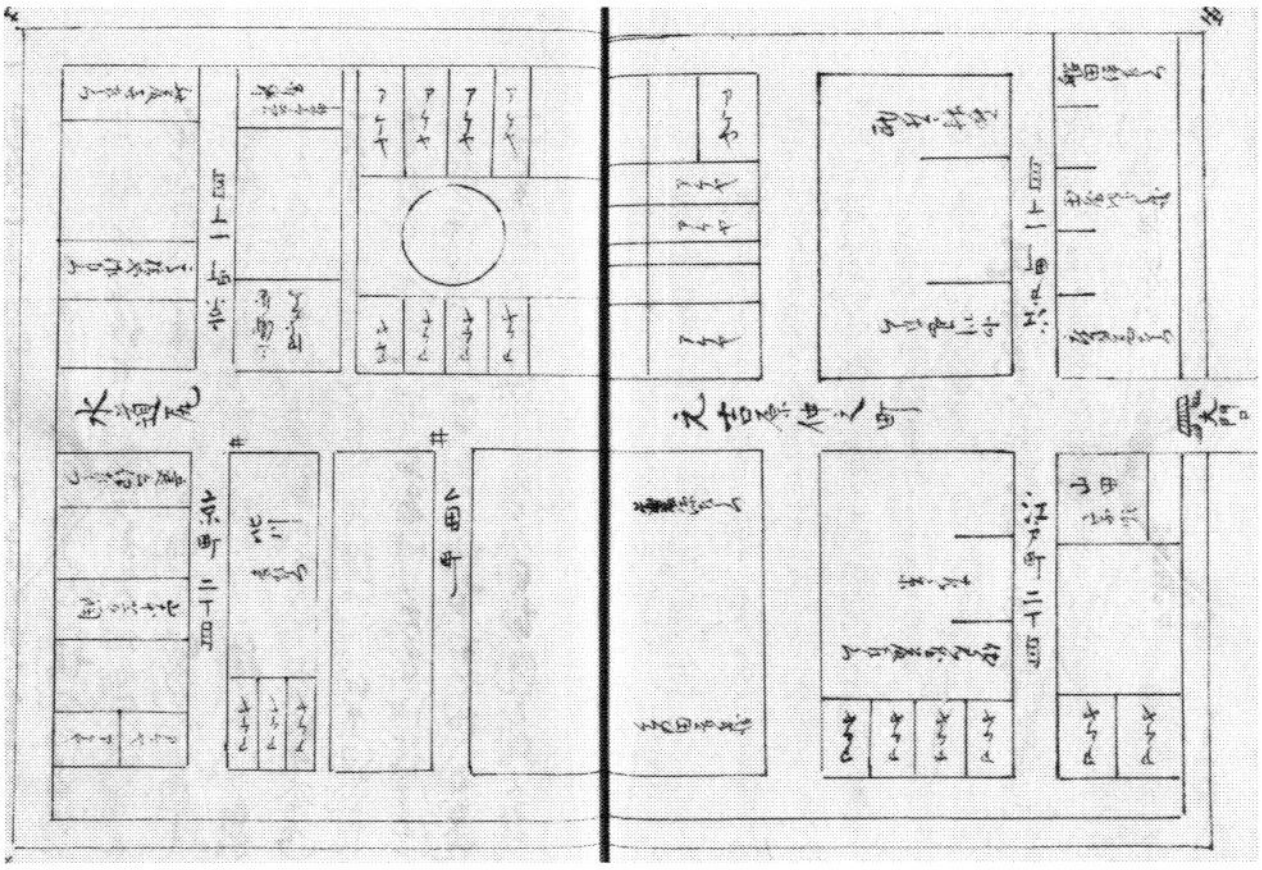

元吉原の内部（『洞房語園』所収、国立国会図書館蔵）。区画が狭いだけで、新吉原とほとんど変わらないことがわかる。（新吉原の図は61ページ参照）

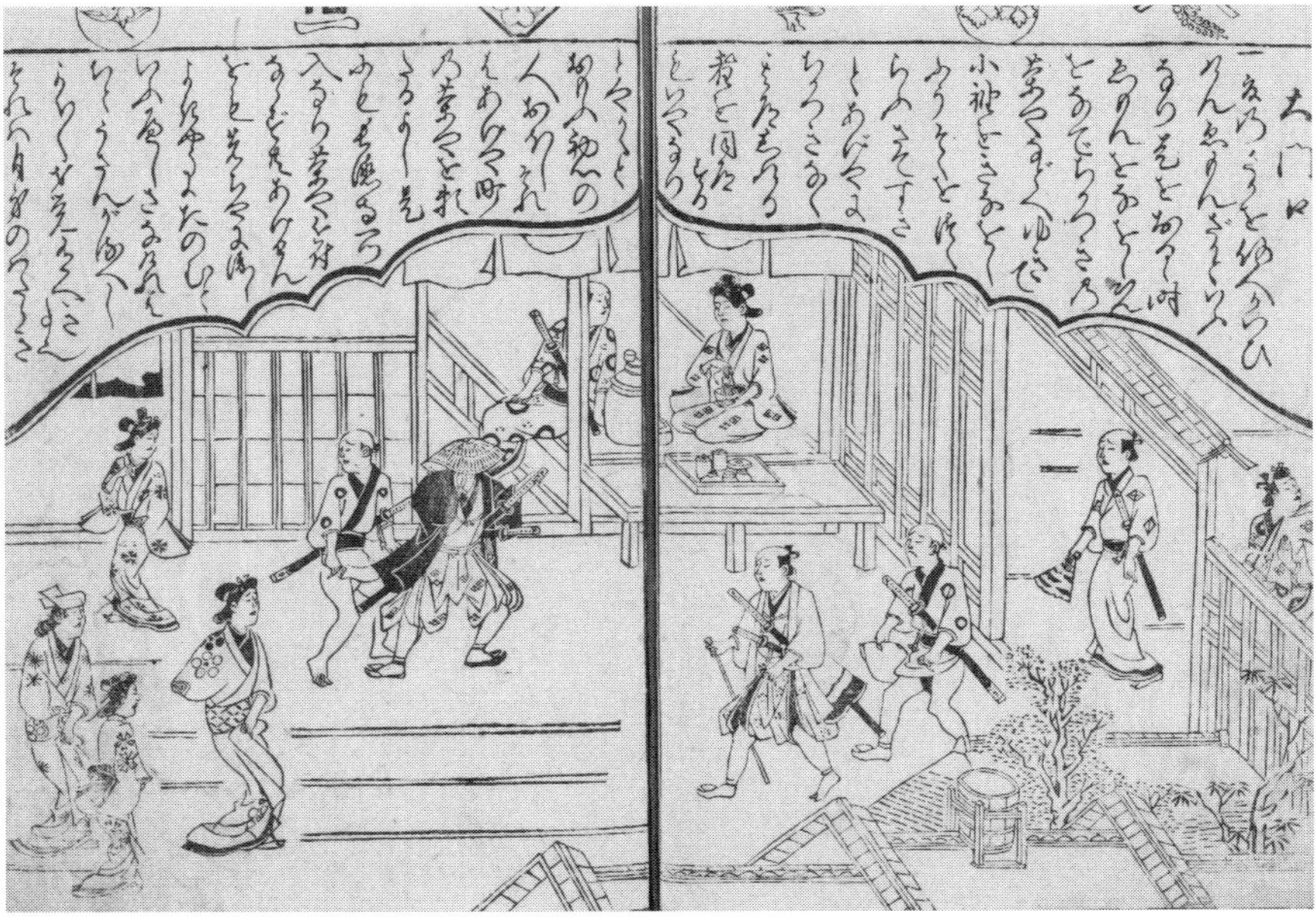

元吉原時代の大門の様子。当時はまだ夜の営業は許されていなかった。道行く遊女の着物も髪形も、まだそれほど派手にはなっていない。（『吉原恋の道引』）

吉原から新吉原へ

所替えの代償に五つの特典を与えられる

吉原が開設された当時は、周囲はただの湿地で、人が住むような場所ではなかった。しかし、江戸の発展とともに徐々に開発が進み人口が増えていくと、吉原周辺にも人家が建ち並ぶようになっていった。

そのため、風紀の乱れと治安の悪化を嫌った幕府は、１６５６年（明暦《めいれき》２）に吉原を移転させることにした。

幕府は、本所《ほんじょ》と日本堤《にほんづつみ》の二つの移転先を吉原に提示した。本所は現在の墨田区の南側にあたり、人《にん》形町《ぎょうちょう》から見ると隅田川を渡った先である。当時は隅田川に橋もかかっておらず、そこは田畑が広がる寂寥たる土地であった。

一方の日本堤は浅草寺《せんそうじ》の裏手に当たり、こちらも周囲には田んぼが広がっていた。吉原の名主《なぬし》たちは一度は拒否したが幕府の命令には逆らえず、相談のうえ日本堤への移転を決めた。本所よりは人形町に近く、川を渡らずに済むからである。こうして吉原は、江戸の郊外への移転を余儀なくされたのだった。

元吉原と新吉原の位置（江戸時代後期）

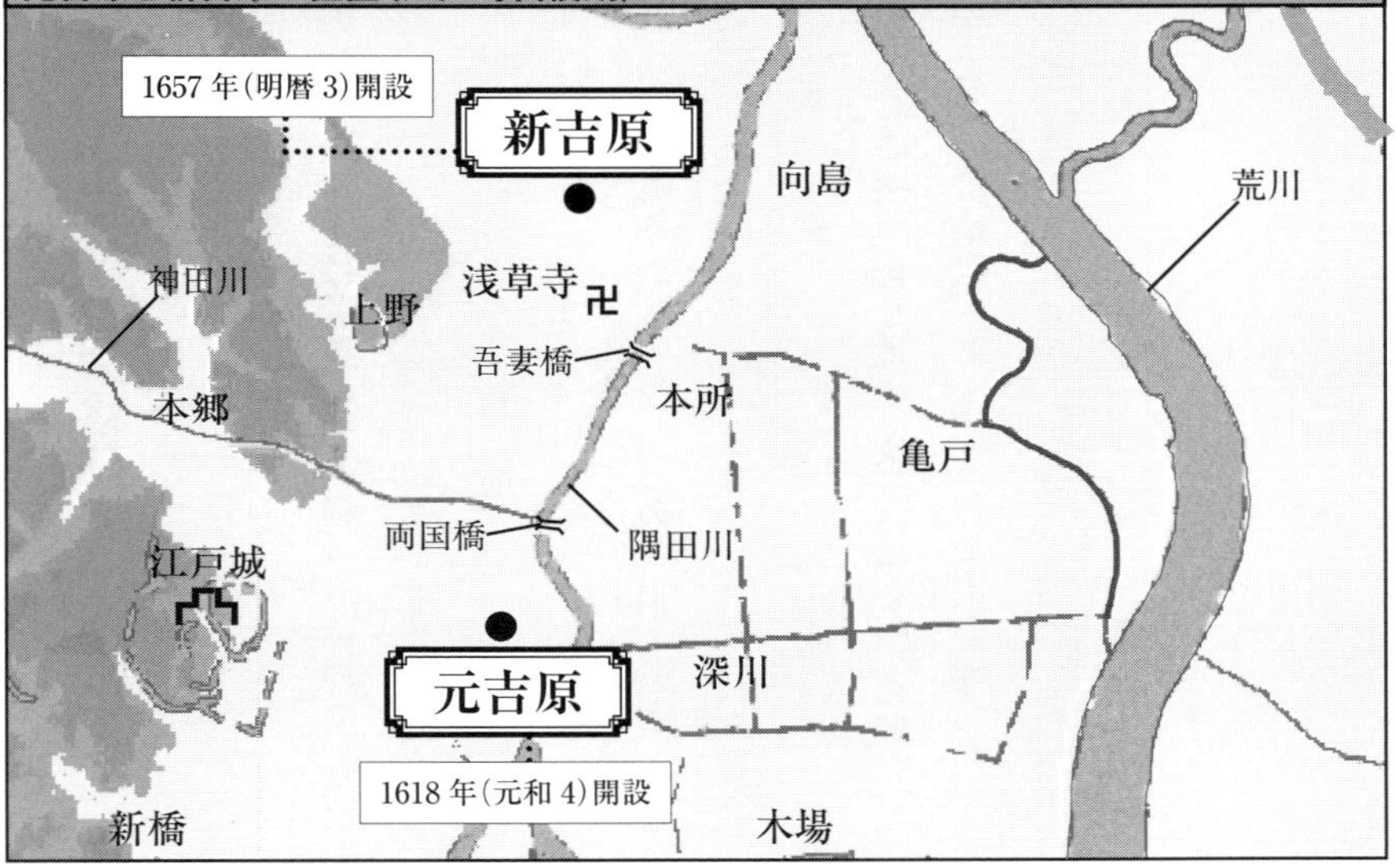

しかし、その引き換えとして、次の条件が提示された。

・町割りを五割増やす（二×二町から二×三町に）
・これまで昼間だけの営業だったのを夜間の営業も許可する
・移転のために多額の引っ越し代金を支払う（約一万五〇〇〇両、当時は米百五十キロが一両）
・私娼で営業する風呂屋二百余件をとり潰す
・祭礼と、出火時の消火などの町役《まちやく》を免除する

吉原の移転が決まった翌年正月、江戸のほとんどを焼き尽くした明暦の大火が起こり、吉原も全焼した。吉原移転は、明暦の大火をきっかけにする幕府の都市計画の一環だったとする説もあるが、実際は、その以前から吉原移転は決定事項であった。

◉——吉原の大移動

吉原の引っ越しは六月十五日、十六日にわたって行われた。営業が再開されたのは八月だったが、その間、遊女屋は近辺の山谷《さんや》村や今戸《いまど》村などの農家で仮宅《かりたく》営業をしていた。のちに吉原へ通うことを「山谷通い」といったのは、このときの名残であるという。

この新しい遊廓を「新吉原」、あるいは「吉原」と呼び、人形町にあった遊廓を「元吉原」と呼ぶようになった。このとき、新吉原では各町にあった揚屋《あげや》（客と遊女を仲介する店）を一カ所に集め、新たに揚屋町をつくった。そのため、原則として揚屋町には遊女屋はなかった。

吉原移転に際しては、きれいに着飾った遊女たちを一目見ようと、多くの見物人が集まった。「浅草本堂東西の欄干、三門、随神門《ずいしんもん》の間には参詣の遊女を見物の貴賤群集したり」と語られたように、遊女たちの引っ越し道中は野次馬を引き連れた、さながらパレードのようだった。

新吉原の敷地は、およそ二万七六七坪あり、周囲には忍返《しのびがえし》を植えた黒板塀《くろいたべい》がめぐらされ、その外側を幅九メートルに及ぶ「お歯黒どぶ」と呼ばれる堀で囲んだ。このなかに、遊女と吉原の関係者、商人や職人など合わせて、約一万人が暮らしていたという。

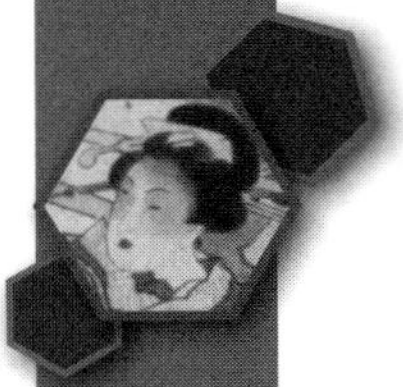

どうやって遊女を調達したか?

◉困窮者と遊女屋を仲介する「女衒」という商売

遊廓の主役といえば遊女であるが、彼女たちはどうやって集められたのだろうか。実際のところ、遊女になる女性は、そのほとんどが身売りという形で吉原にやってきた女性であった。江戸幕府では人身売買を禁止していたため、表向きは奉公という形を取ってはいたが、実際は、貧しい親が給金の前借りと引き換えに、娘を遊女屋に売り渡したのである。実質的には人身売買と同じだった。

親が直接、遊女屋に売る場合もあったが、たいていの場合は女衒《ぜげん》を仲介にした。女衒とは、女性を遊女屋に斡旋する者のことで、「周旋屋」「口入屋」「玉出し屋」ともいった。俗称では「人買い」ともいわれた。

女衒は、親や親族からの申し入れだけでなく、自ら諸国を巡って遊女になる女性を探した。貧農の娘を探し出しては親を口説き、娘には甘言を弄して遊女屋に売り飛ばしたのである。なお、親の要求によって遊女屋を斡旋する女衒を「町女衒」、諸国を回って娘を連れてくる女衒を「山女衒」といった。

庄司甚内《しょうじじんない》は吉原開設にあたって、人さらいを取り締まると豪語していたが、実際には吉原による人身売買や人さらいは明治時代になっても存在し続けたのである。

遊女調達のしくみ

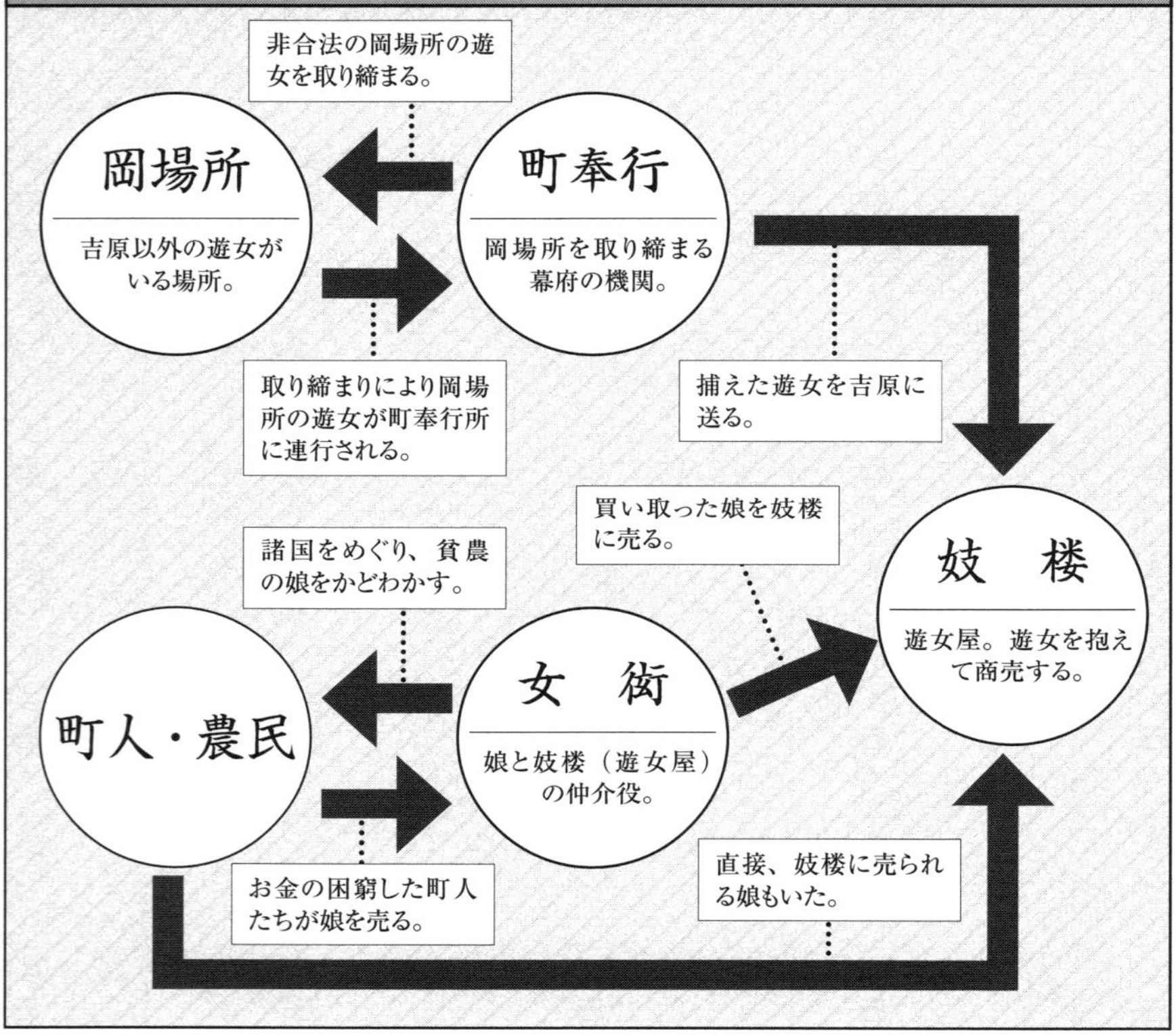

『世事見聞録《せじけんぶんろく》』には、「遊女は皆、親の困窮によって家を出る。国々の内でも越《えっ》中《ちゅう》(富山県)・越後《えちご》(新潟県)・出羽《でわ》（山形・秋田県）あたりから多く出る。わずか三両か五両の金子《きんす》に困って売るという」と書かれている。三両か五両というと、だいたい四十万円から百万円に満たないくらいであろう。

また、農村ばかりでなく、裏長屋で生活に困窮している者や、没落した商家、なかには貧困に陥った武家までもが、せっぱつまって娘を売ることもあった。両親が死んで、いったんは親戚に引き取られたものの、結局生活に困って売りに出されるケースも多々あったという。

幕末に軍医として来日したオランダ人医師のポンペは「貧しい両親たちは自分の若い娘を、しかも大変幼い年端もゆかぬ時期に公認の遊女屋に売るのである。ときには五歳から六歳ぐらいのこともある」（『日本滞在見聞記』）と書き残している。また、『宮川舎漫筆《きゅうせんしゃまんぴつ》』という幕末に書かれた随筆には、ある下級武士の娘が貧困に陥った家族を救うために、自ら吉原に身売りをした話が書かれており、その前借金は十八両だった。武士の娘という箔が付いていても、現代の金額に直せば二百万から二百五十万円くらいの金で売り飛ばされたのであった。

これらの金は遊女の借金となるわけだが、前借金が安くてもそう簡単には返せなかった。膨大な利子がつけられたし、日常生活で必要となる金はすべて遊女の持ち出しであったから、年季十年を務めあげなければならなかったのだ。

こうした遊女たちの境遇は、言ってみれば金のために女性が一大決心をして家族を救ったものだとして、周りから非難されるようなことはなく、むしろ親孝行であるという認識が強かった。ポンペも、「ヨーロッパでは個人が自分で売春をするのであり、本人が社会から蔑視されるが、日本では本人の罪ではない」と理解を示している。

そのほか、役所に捕えられた岡場所《おかばしょ》の私娼が、吉原に引き渡されることもあった。吉原に送られた私娼たちは、吉原の五町に分配されて、町ごとに入札が行われた。1819年（文政《ぶんせい》2）の記録によれば、十二人の私娼が送られてきて、最高齢のはまが四両三分、二十歳のみさが四十両三分という入札金だった。平均二十二両ほどで、これら入札金は町ごとに積み立てて、廓内の共同入費に使われた。

遊女になるための契約書とは?

人身売買に近い契約書

先にも述べたが、娘を売るときには、たいてい女衒《ぜげん》に依頼することになり、そこにはちゃんと契約書が存在していた。そうした契約書は遊女の年季が明けたときに返された。なかには、津軽《つがる》地方の新《しん》地町《ちちょう》遊廓のように、遊女が死亡したときに棺桶に入れることもあったという。

遊女屋への身売りには、「不通縁切証文《ふつうえんきりしょうもん》」と「遊女奉公人年季請状《ゆうじょほうこうにんねんきうけじょう》」というものが取り交わされた。「不通縁切証文」では、親兄弟など家族との縁を切り、娘を遊女屋に養女として渡し、それまでの養育費として親に金が支払われる。

「遊女奉公人年季請状」は、年季を定めて娘を遊女屋の下女奉公として出すことを認めさせるものである。その前借金として、親が金を受け取る。江戸時代初期には年季奉公は三年とされたが、後に十年まで認められた。ただ、遊女として働ける年齢がだいたい十五歳くらいだったから、たとえば十歳で売られた場合、五年間は「唯養い」「捨てさり」などといわれ、十五歳からの十年間を年季とした。

その後、年季撤廃令（1698年〔元禄《げんろく》11〕）が出され、十年以上の年季の場合は二枚手形が必要とされ、請状が二通つくられた。

契約内容はひどいもので、親の権利はすべて養父に渡され、変死の場合でも、実の親から抗議をすることはできず、病死、身請けなどの場合も、実の親に知らされることはなかった。病気になった場合は、その治療費は遊女本人の借金となるし、娘がどこへ遣わされても文句はないなど、理不尽な契約であったが、せっぱつまった親はそれでも承服せざるを得なかった。

遊女以外にも芸者として娘を売ることもあり、その場合は、抱え主は売色を承諾した旨を記した証文を余計に取り、二枚証文と称したという。

女衒と相談する楼主。火鉢を抱えているのが楼主である。女衒の前には契約書らしき紙片が置かれている。（『玉子の角文字』）

遊廓の社会的位置づけ

社会的に寛容だった遊廓遊び

江戸時代、遊廓に通うことは、とくに珍しいことではなかった。独身男性だけでなく、妻帯者も普通に遊廓に通った。元吉原の頃は昼間営業だったので、身分のある武士たちが遊廓に出入りしていたし、新吉原に移って夜間営業が認められてからは、それこそあらゆる身分の男たちが恥ともせずに吉原に入っていった。現代では考えられないほど、性に関して開放的だったのである。

江戸時代の社会通念として、「男の遊女遊びは、ある程度は仕方ない」という風潮があり、素人の女性に手を出すくらいなら遊女と遊ぶ男のほうが男らしいとさえ言われた。素人の女性に手を出す男を軽蔑して言った「ぼろっ買《かい》」という言葉もあり、そういう男は「性根が悪い」といわれて女性からは嫌われたという。

「吉原には行くけど、岡場所《おかばしょ》で安い遊びはしないから立派である」とも言われたように、武士でも町人でも、家が傾くほどに散財をしなければ、世間の目は寛容だった。

また、歌舞伎や浮世絵などにも遊女が登場しているように、現代の芸能人のごとく、遊女は誰にとっても身近な存在であった。遊女の衣装や髪形を見るために女性も吉原に出入りしていたし、祭りや花見の時期には子供連れの客も多く、吉原は江戸の名所のひとつでもあった。

幕末には、徳川家に嫁いだ天璋院《てんしょういん》とともに江戸にやってきた村岡局《むらおかのつぼね》という近衛《このえ》家の公家が吉原観光に出かけているように、吉原は地方からやってきた人たちのための観光名所にもなっていた。

女衒に売られてゆく娘（『絵本顕勇録』国文学研究資料館蔵）。身売りする女性に対して、世間は批判的な視線を向けることはなかった。

外国人の遊女観

女性が遊廓に勤めることを「廓《くるわ》勤め」といった。苦界《くがい》十年と表現されるように、廓勤めは非常に苦しいものであり、それは庶民たちも理解していた。「男が好きだから遊女になった」とは誰も考えず、遊女となった女性は、家族を救うために一大決心をした親孝行者であるという認識が一般的だった。そのため、遊女に対する差別はほとんどなく、元遊女だから妻にはできないという男性も少なかった。

オランダ商館の医師として来日したケンペルは、『日本誌』（１７２７年）のなかで、遊女について次のように驚きを述べている。

「遊女が年季を明けて、公正なる市民と結婚するならば、自らの淪落失行《りんらくしっこう》に責任あることなく、教育も相当にあれば、通常の市民の間に伍して公正なる夫人と認められる」とあり、ケンペルは、遊女が庶民と結婚することが稀有な出来事ではないことに驚いている。ヨーロッパでは娼婦は差別されており、たとえ足を洗ったとしても、一般人と結婚して家庭に入ることはあり得なかった。

1775年（安永《あんえい》4）に来日した、スウェーデンの植物学者ツンベルグも、『江戸参府随行記』のなかで同じような感想を綴っている。

彼は、「まったく奇異に思えるのは、幼女期にこのような家に売られ、そこで一定の年月を勤めたあと完全な自由を取り戻した婦人が、辱《はずか》しめられるような目で見られることなく、後にごく普通の結婚をすることがよくあることである」と書いており、やはり元遊女が世間から白眼視されることなく、一般の家庭に入っていることを不思議がっている。

●差別された吉原の楼主たち

一方で、楼主《ろうしゅ》に対する差別はあった。

『世事見聞録《せじけんぶんろく》』（江戸時代後期の随筆）では、楼主について「売女は憎むべきものにあらず。ただ憎むべきものは、かの忘八《ぼうはち》と唱うる売女業体のものなり。天道に背き、人道に背きたる業体にて、およそ人間にあらず。畜生同然の仕業、憎むに余りあるものなり」と、痛烈に非難している。

1772年（安永1）に、新吉原の楼主が、家屋買い入れの件で訴えられたことがあった。そのとき幕府は、「遊女屋の主人と申すは四民の下」と申し渡しており。幕府でさえ楼主を批判的な目で見ていたのである。

ケンペルの『日本誌』にも、楼主は「彼がいかに裕福なりとも、決して公正なる市民とは認められない」と書かれており、社会的にも楼主への差別は強烈だった。

また、俳人として著名な榎本其角《えのもときかく》の『雑談集』（1691）には、元楼主の話が掲載されているが、彼はその賤業たることを恥じて風流に身をゆだねたが、「高尊の席を絶たれ、遊人もしいて交りを許さず」という現状に絶望し、ついには自ら命を絶ったという。

もちろん、なかには楼主の美談というものも残されているが、楼主に対する社会的な差別は江戸時代を通じてあった。

COLUMN
男性版遊廓「陰間茶屋」とは？

明治時代以前の日本では、男性同士の恋愛は特別なものではなく、日常の一部だった。そういう時代背景もあり、江戸時代には男娼を抱えた「陰間茶屋《かげまちゃや》」が存在していた。陰間とは、男性相手に春をひさぐ少年のことだ。陰間茶屋には歌舞伎役者の卵が多く在籍し、そのため陰間茶屋は芝居小屋の近くにあることが多かった。

春画にも男性同士の情事は描かれ、それが普通の春画と組み物になって売られることもあるなど、庶民にとって男娼は遊女と同様、身近な存在であった。

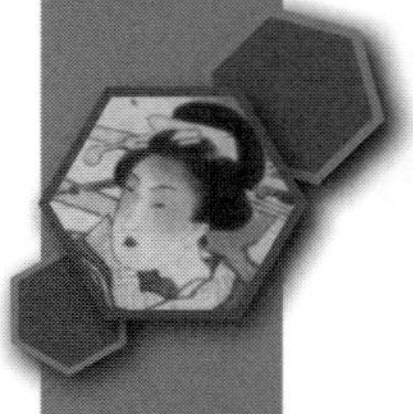

吉原以外にも遊廓はあったのか？

全国にあった遊廓

江戸時代、遊女町があったのは吉原だけではない。全国各地に、官許の有無を問わずに多くの遊女町があった。駿河《するが》には二丁町《にちょうちょう》遊廓があったし、幕府が許可した京都の島原《しまばら》遊廓は有名である。１７６１年（宝暦《ほうれき》11）には、島原遊廓の支配下に入ることを条件に、京都の七条新地《しちじょうしんち》に遊廓が認可された。長崎では１６４２年（寛永《かんえい》19）に丸山《まるやま》遊廓が設けられ、博多の柳町《やなぎちょう》遊廓は吉原よりも歴史が古い。

水戸藩は、江戸吉原にならうことを条件に１６８１年（天和《てんな》１）、潮来《いたこ》遊廓の開設を許可した。同じく水戸の祝町《いわいまち》遊廓は１６９５年（元禄《げんろく》８）、水戸光圀《みつくに》によって開設されたという。新潟の水金《みずかね》遊廓は、１７１７年（享保《きょうほ》２）に誕生し、その南の出入り口には江戸吉原を模して大門《おおもん》がつくられた。

尾張《おわり》には１６１１年（慶長《けいちょう》16）に飛田屋町《とびたやちょう》遊廓が誕生。１７３０年（享保17）には、新たに三つの遊廓が開設された。大坂に遊廓の認可が下りたのは１６２７年（寛永４）のことで、新町《しんまち》遊廓が営業を開始した。

吉原以外の遊廓については、改めて第四章で解説する。

第二章

吉原とはどういう町だったか——吉原遊廓の全貌

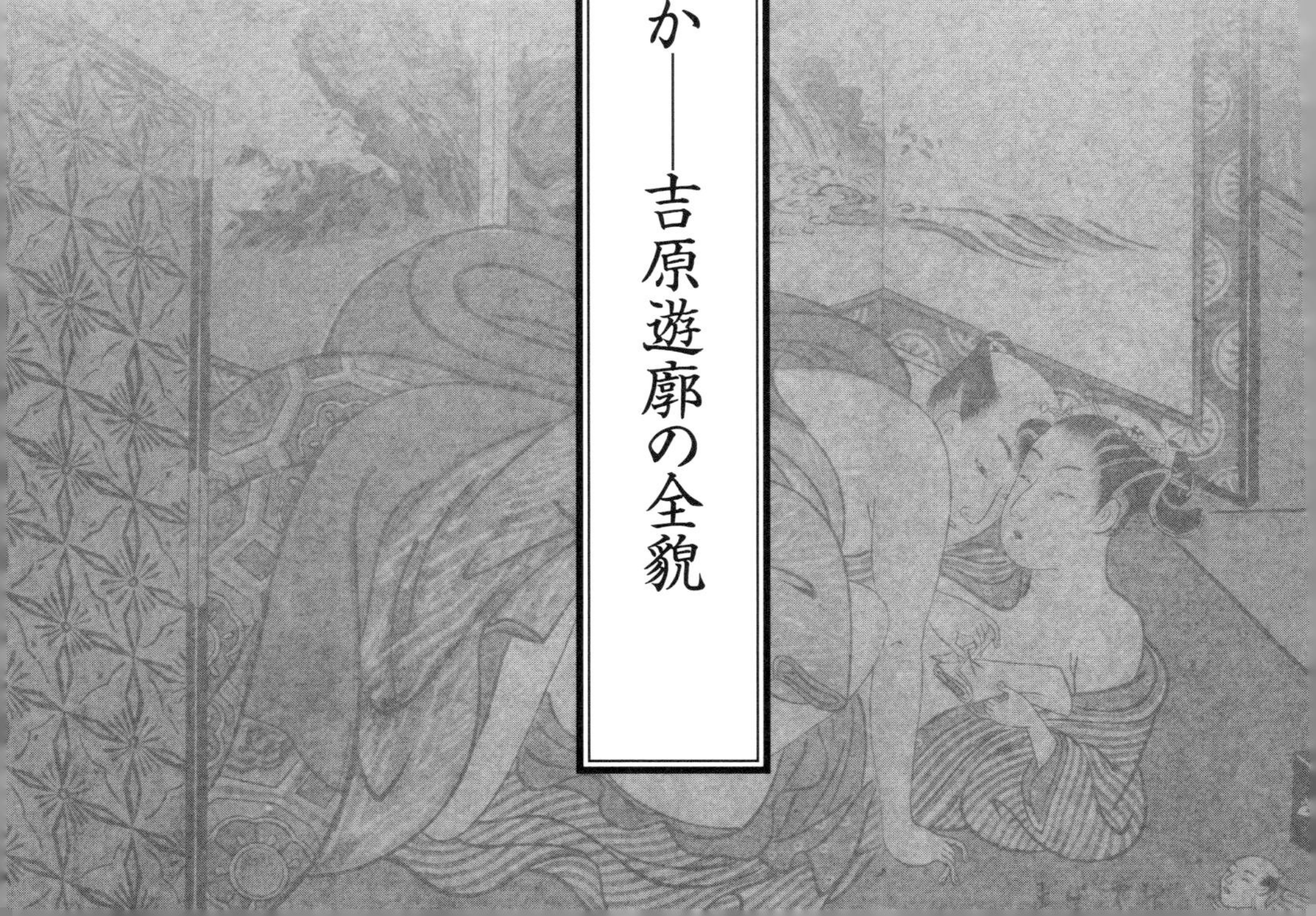

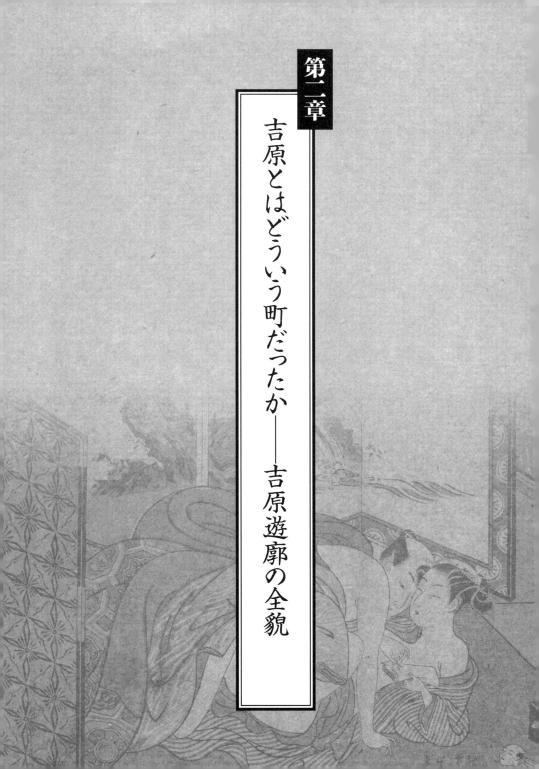

吉原の基礎知識

吉原を知るための基本用語

本章では、吉原について詳しく説明していくが、その前提として知っておきたい基本的な用語の意味を軽く説明しておく。詳しい説明は各項目で述べるので、各ページを参考にしてほしい。

- 花魁《おいらん》…高級遊女の総称。花魁道中を行う権利をもつ。
- 道中《どうちゅう》…花魁道中のこと。高級遊女が、遊女屋から引手茶屋《ひきてぢゃや》まで出向くこと。
- 見世《みせ》…遊女屋のこと。吉原には大見世《おおみせ》、中見世《ちゅうみせ》、小見世《こみせ》、切見世《きりみせ》があった。
- 妓楼《ぎろう》…遊女屋の別名。遊女を雇い、客が遊女と遊ぶ店。
- 張見世《はりみせ》…遊女が遊女屋で顔見世をすること。
- 禿《かむろ》…遊女見習いの子供。禿を卒業すると新造になる。
- 新造《しんぞ》…遊女付きの遊女見習い。振袖新造と留袖新造がいる。
- 幇間《ほうかん》…男芸者のこと。
- 岡場所《おかばしょ》…吉原の遊女以外の私娼がいた場所のこと。多いときには江戸市中だけで八十カ所あった。

江戸っ子はどうやって吉原に行ったのか？

吉原通いの道となった「日本堤」

元吉原の開業から約四十年後に移転した新吉原は、隅田川の出水を防ぐためにつくられた日本堤《にほんづつみ》を下った、当時としては辺ぴな田園地帯である千束《せんぞく》村にあった。

日本堤は、浅草聖天町《しょうてんちょう》と三ノ輪《みわ》とを結んだ一本の土手道である。吉原はその中ほどに位置していたため、どこから行くとしても最後は日本堤を通らなければならない。そのことから、日本堤は「吉原通いの道」として知られるようになった。

日本堤のうち、待乳山《まっちやま》聖天社から吉原の入り口までの八丁（約八百七十メートル）の道のりを、とくに「土手八丁」と呼び、吉原通いの男たちをあてこんだ葦簀《よしず》張りの茶屋や屋台が数多く並んでいた。

駕籠で行くか、舟で行くか

吉原への道順としては、上野や入谷《いりや》から三ノ輪に出て日本堤を南東に下る道、浅草寺《せんそうじ》の横を通る馬《うま》道《みち》通りを北に進んで日本堤に至る道、また浅草寺の裏の田んぼ道を通って日本堤に出る道などがあっ

日本堤にあった茶亭。吉原には入り口が一カ所しかなく、吉原に行くには、かならず日本堤を通っていかなければならなかった。（『迷楼候史』国立国会図書館蔵）

た。

そして、江戸の中心地から訪れる洒落者たちは、柳橋《やなぎばし》（現在の両国橋の近く）の船宿から船で隅田川をさかのぼり、山谷堀《さんやぼり》で降りて日本堤を北西に向かう道を選んだ。

徒歩で吉原に通う客も多かったが、お金に余裕があれば駕籠《かご》や船を使った。裕福な町人などは、使用人を走らせて出入りの宿駕籠を呼んだ。ただ、家の者に内緒で出かけたいものは流しの辻《つじ》駕籠《かご》を拾う。そのため、浅草見附《あさくさみつけ》（現在の浅草橋一丁目）や天王《てんのう》橋（鳥越《とりごえ》橋とも。現在の蔵前《くらまえ》一丁目あたり）あたりには多くの辻駕籠が客待ちをしており、吉原通いと思われる通行人を見つけては「だんかご、だんかご」と声をかけていた。「旦那、駕籠はいかが？」

新吉原までの道のり

浅草寺

浅草寺の東側にあった「馬車通り」は吉原へ向かう人の通り道であった。

日本堤

日本堤は浅草聖天町と三ノ輪を結ぶ一本道の土手。この中ほどに吉原があった。

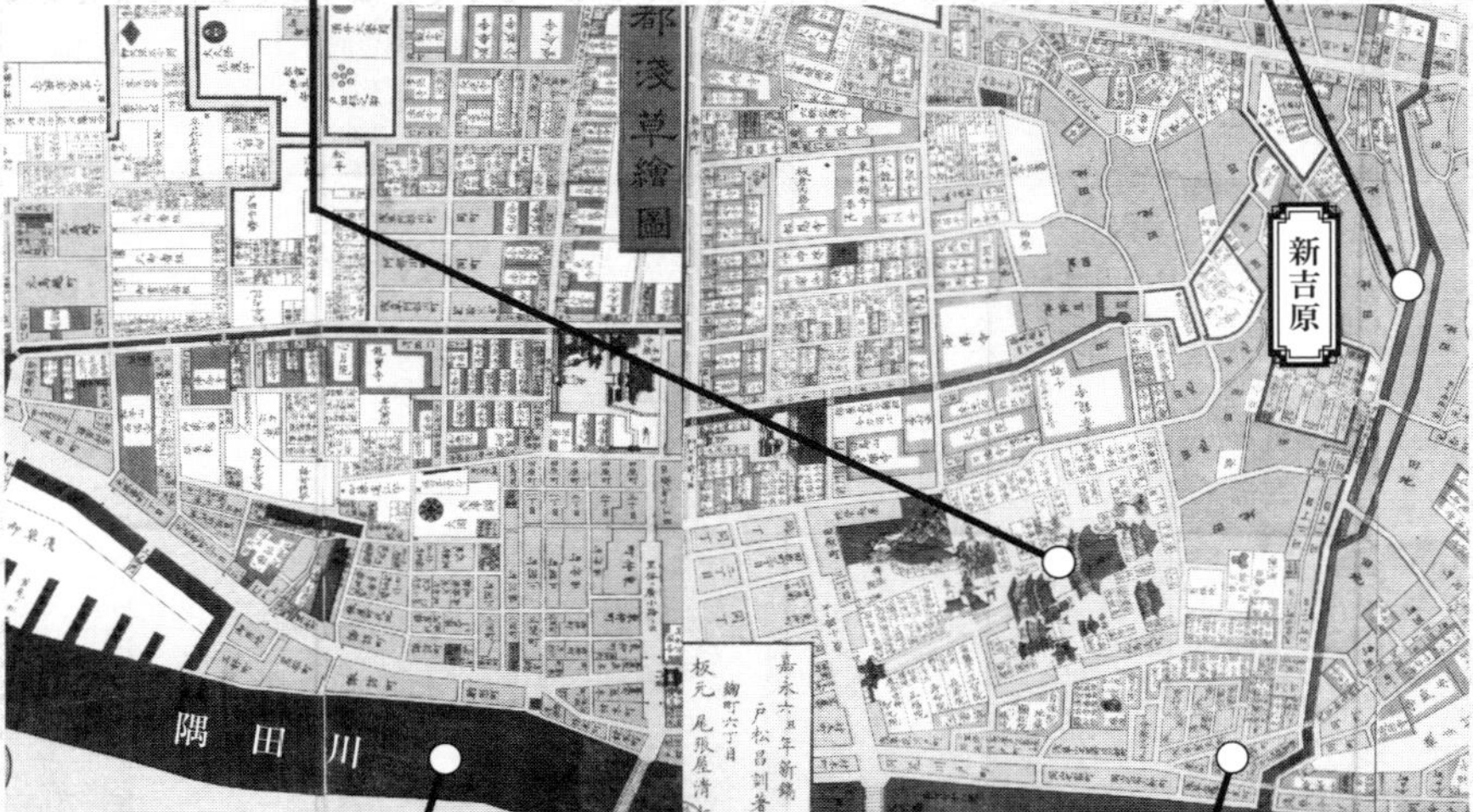

隅田川

日本橋あたりから舟に乗って隅田川を北上し、聖天宮あたりで降りて吉原へ向かう人々もいた。

聖天宮

本竜院の本堂。吉原に行く人たちは、ここから駕籠に乗るなどして日本堤を行った。

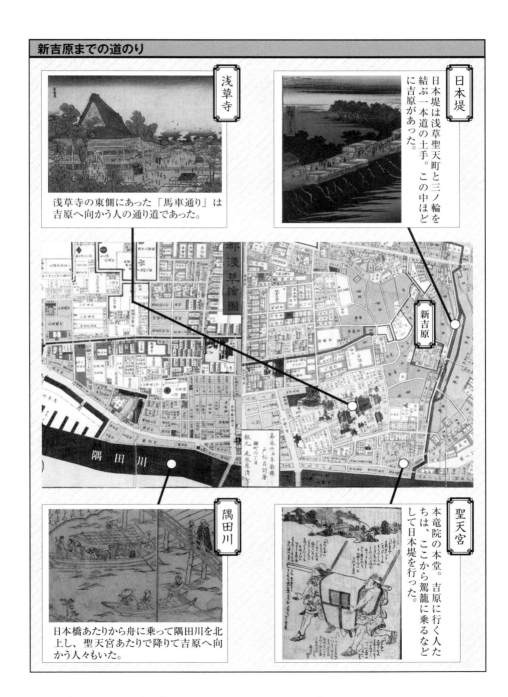

上側に描かれているのが「屋根船」で、下の小さな舟が「猪牙舟」。猪牙舟に乗っている男は、すでに笠で顔を隠しており、吉原に向かっていることは明白。(『吉原恋の道引』)

を略した呼び声である。お金に余裕はなくても、吉原に通う際は見栄を張って駕籠を使う人も多かったという。

舟で行く人は、一人や二人の小人数のときは小型で細長い「猪牙舟《ちょきぶね》」、大人数のときは「屋根舟《やねぶね》」を使った。

屋根舟とは、庶民的な遊山舟《ゆさんぶね》で、屋根があり、夏は簾《すだれ》、冬は障子で囲われた。

吉原通いの客は隅田川に注ぎ込む掘割である山谷堀で降りたので、そこには多くの船宿が軒を連ねて繁盛した。

◉——吉原との中継地・船宿

山谷堀に軒を連ねた船宿は、猪牙舟や屋根舟で客を運ぶだけでなく、「中宿《なかやど》」の役割も担っていた。中宿とは、吉原との中継地を意味する。

山谷堀で舟を降りた客は、粋な女将に迎えられていったん船宿の二階にあがる。二階には宴席を開くこともできる小綺麗な座敷があった。

そこで、常連の商家の客などは、地味な木綿の着物を、預けておいた派手な絹の着物に着替えることがあった。帰りにはまたそこで木綿の着物に着替えるので都合がよいのだ。同様に、僧侶が墨染めの衣から羽織姿に変装することもあった。僧侶は頭を丸めていたため、同じく剃髪している者が多い医者を装ったのである。

また、船宿では、客と馴染みの遊女との取次ぎも行った。ほかの客と接客中ではないか、いつごろ行けばよいかなど遊女の都合を聞き、時を見計らって船宿を出る手はずを整えたのである。そして、日が暮れると、船宿の女将や若い者が提灯《ちょうちん》をさげ、客を吉原の遊女屋（妓楼《ぎろう》）まで送っていくこともした。

このように船宿は、中宿として多様なサービスを提供したが、当然、客はその分の祝儀をはずまなければならなかった。

●――吉原までもう少し。「衣紋坂」と「見返り柳」

山谷堀を出て日本堤の土手八丁を通り過ぎると、吉原へと下る坂道が見える。この坂道を「衣紋《えもん》坂《ざか》」といった。ここまで辿り着いた客が、胸を躍らせながら衣紋（衣服）を整えたことから、その名がついたという。

新吉原の入り口あたりを描いた絵。左端に描かれた木が見返り柳。見返り柳と並ぶように、高札が立てられている。手前の店は五十間道沿いにあった飲み屋。「はりまや」と書かれている。（『江戸高名会亭尽』）

また、衣紋坂の左手下り口には、多くの浮世絵にも描かれている柳の木がある。この柳は「見返り柳」と呼ばれている。吉原から帰る客が、この柳の辺りで名残を惜しんで見返ることから名づけられたという。

衣紋坂は大きく曲がりくねっている。こうした曲折した道は、敵の目をくらますための城下町の道の設計と同じである。城郭の場合は敵が攻めづらくするためだが、吉原の場合は日本堤から見えづらくするためである。

そして、衣紋坂を下ること五十間（約九十メートル）の道のり（そこは茶屋や商家が立ち並び「五十間道《ごじっけんみち》」と呼ばれる）を経て、ついに吉原の出入り口である「大門《おおもん》」があらわれるのである。

吉原はどういう町だったか?

四方を取り囲まれた廓

一大歓楽街として人工的に整備された吉原の区画は若干長方形のかたちをしていて、総面積にして約二万七〇〇〇坪という広さをほこった。

周囲には黒板塀《くろいたべい》がめぐらされ、さらにその外側に「お歯黒《はぐろ》どぶ」と呼ばれた幅二間（約三・六メートル）の堀があった。城郭のように周りを堀で囲った町である。これは不審者を取り締まるのに便利であるとともに、遊女が逃げづらくするためである。

田園地帯から隔絶された吉原のなかで、遊女や遊女屋の関係者をはじめ、商人や職人など約一万人が暮らしていた。

「大門」と「高札」

四方を塀と堀で囲まれた吉原唯一の出入り口が「大門」である。「だいもん」ではなく、京風に「おおもん」と読む。これは、元吉原が京の六条新屋敷の郭を模してつくられたせいともいわれる。江戸で「だいもん」といえば、増上寺《ぞうじょうじ》の大門となる。

大門の形も時代によって異なるが、有名なのは黒塗り板葺きの屋根つき冠木門《かぶきもん》である。夜明けとともに開門し、夜四ツ（午後十時頃）には閉門したので、それ以外の時間は脇にある袖門を使った。

大門の右側には「高札《こうさつ》」がある。高札とは、民衆に法令などを周知させるために掲示した板の札のことだ。大門に掲げられた高札には、吉原におけるさまざまな禁止事項などが掲げてあった。

そのなかのひとつに「医師之外何者《いしのほか》によらず乗物一切無用たるべし」という一条があった。これは、「医者以外のものは駕籠《かご》に乗ったまま大門をくぐってはならない」という意味である。このしきたりに従って、どんな豪商でも、たとえ大名であっても、大門の前では駕籠を降りたという。

また、大門の手前の五十間道の両側には、「編笠茶屋《あみがさぢゃや》」があった。本来は、吉原遊びを大っぴらにしたくない武士たちが顔を隠すための笠を売っていた店だった。吉原の主役が町人に移ると、笠の需要はなくなり、その後は引手茶屋《ひきてぢゃや》や料理屋などに転業して命脈を保ったが、「編笠茶屋」という呼び名だけは長く残った。厳密にいえば、編笠茶屋は吉原の外にあるが、たいていは編笠茶屋も吉原に含める。

●──吉原の中央を貫く「仲の町」

大門から入って、行き止まりの秋葉権現《あきばごんげん》を祀った秋葉常灯明《じょうとうみょう》のある「水道尻《すいどじり》」まで、中央を真っすぐに貫く大通りが、いわば吉原のメインストリート「仲の町《なかのちょう》」である。

●新吉原の内部

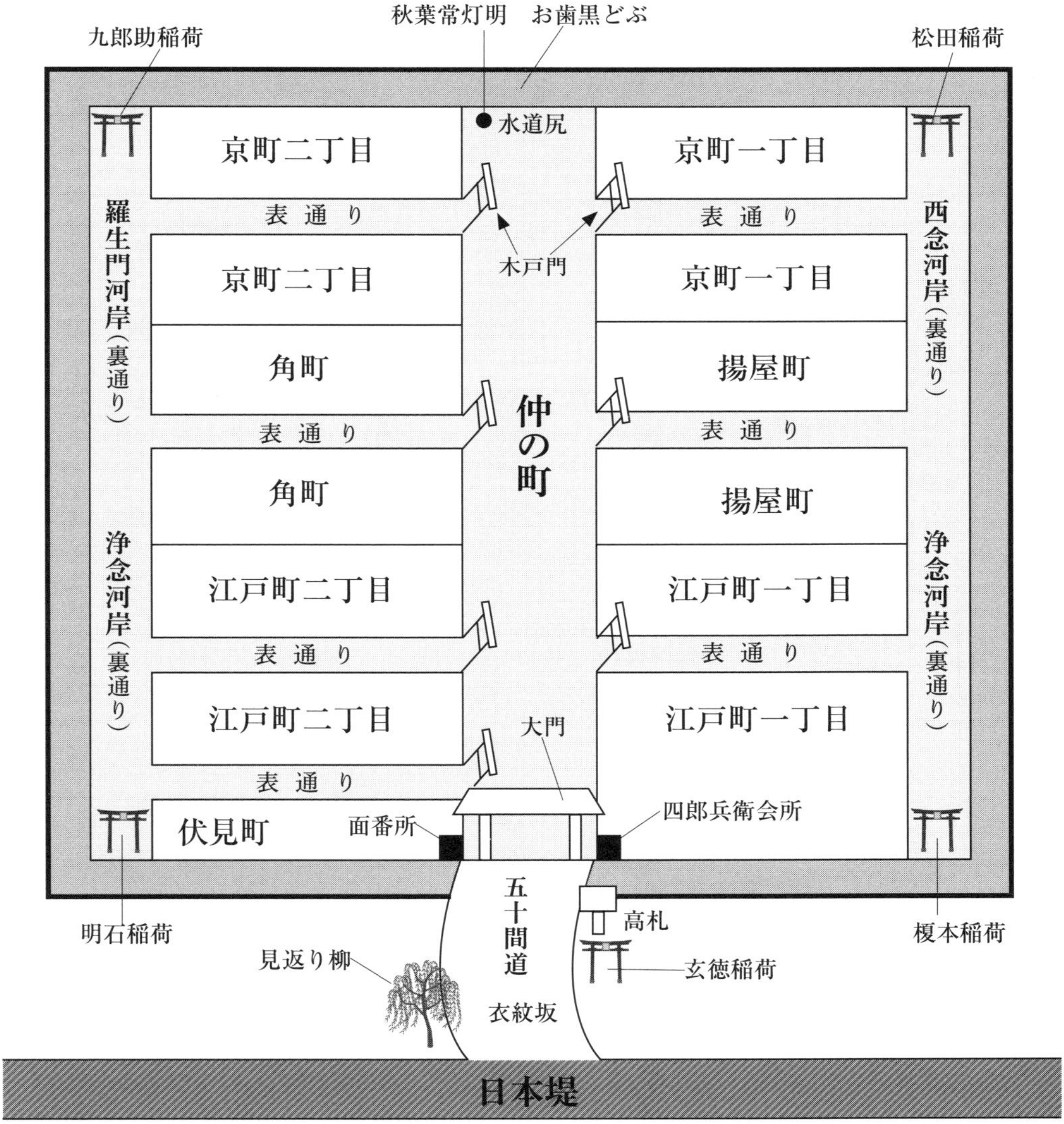

秋葉常灯明
お歯黒どぶ
九郎助稲荷
松田稲荷
水道尻
京町二丁目
京町一丁目
表通り
木戸門
羅生門河岸（裏通り）
西念河岸（裏通り）
京町二丁目
京町一丁目
角町
揚屋町
仲の町
表通り
角町
揚屋町
浄念河岸（裏通り）
浄念河岸（裏通り）
江戸町二丁目
江戸町一丁目
表通り
江戸町二丁目
江戸町一丁目
大門
表通り
伏見町
面番所
四郎兵衛会所
五十間道
高札
明石稲荷
榎本稲荷
見返り柳
玄徳稲荷
衣紋坂
日本堤

仲の町とは通りの名前で、町の名前ではないが、ここは単に大通りというだけではなく、四季折々の吉原の盛大な催事を行う広場の役割も果たしていた。

たとえば春には、植木職人がわざわざ桜の木を仲の町に運び込んで植木棚にずらりと植えて桜並木を演出したため、江戸市中からこぞって見物客がやってきた。桜の咲き乱れる仲の町で繰り広げられる豪華絢爛な花魁道中《おいらんどうちゅう》は、吉原最大の呼び物だった。

●――仲の町を横切る「表通り」

整然と区画整理された吉原で、中央の仲の町を直角に横切る三本の通りがある。これがそれぞれの町の「表通り」で、両側に多くの遊女屋が軒を連ねていた。

表通りの中央には水路が掘られ、その上にどぶ板が敷かれていた。この水路も「お歯黒どぶ」という。ここには、一定間隔で遊女屋の屋号が書かれた用水桶が置かれた。火事に備えるためである。仲の町には、用水桶と交互に「たそや行灯《あんどん》」と呼ばれる行灯があり、夜明けまで灯がともされていた。そのため吉原は真っ暗闇になるということはなかった。「たぞや」という名高い遊女が、夜四ツ過ぎの暗闇で何者かに殺害された事件があり、それ以降用心のために行灯が設置されたことが行灯の名の由来である。

時代の変遷を経ながらも、吉原の町では元吉原の時代からある、江戸町一丁目、江戸町二丁目、角町、京町一丁目、京町二丁目が、とくに「五町」と呼ばれ、吉原の代名詞ともなっていた。そのほかに、

吉原の中心部を通る仲の町。手前が大門で、正面の櫓（やぐら）が仲の町の突き当たりで水道尻。この櫓は火の見櫓だが、天保（1830～1844）以降になくなってしまった。（『江戸浮絵新吉原仲之町夕景之図』部分）

揚屋町《あげやちょう》や、時代によって伏見町《ふしみちょう》、堺町《さかいちょう》などがあった。

江戸町一丁目、二丁目、角町、揚屋町、京町一丁目、二丁目の入り口には、それぞれ木戸門が設けられていた。吉原の区画では、各表通りを挟んで両側がひとつの町になっていたため、隣町とは背中合わせとなっていた。

町ごとに多くの遊女屋が軒を連ねたが、揚屋町には遊女屋はなかった。商人や職人、芸者などが住んでおり、江戸市中の町家と変わらない光景だったという。

また、大門から見て右手、敷地内の西の端には「西河岸《にしかし》」、左手の東の端には「羅生門河岸《らしょうもんかし》」という区画があって、五町などとくらべて安価な遊女屋がひしめいていた。

遊女屋には種類がある

吉原の遊女屋は四種類に分かれていた

吉原という町にとって、なくてはならない店が「遊女屋」である。遊女屋は、別名「妓楼《ぎろう》」とも呼ばれた。吉原の遊女は、そのほとんどが遊女屋に所属しており、客は遊女屋を通さなければ遊女と遊ぶことはできなかった。

吉原の遊女屋には種類があり、大きく分けて「大見世《おおみせ》」「中見世《ちゅうみせ》」「小見世《こみせ》」の三つがあった。大見世がいちばん格上で、遊女の値段も高く、お店の規模もいちばん大きい。次に中見世、小見世の順番となる。

遊女と遊ぶための代金を揚代《あげだい》というが、大見世の遊女はすべて揚代が金二分以上だった。江戸時代の金相場は時代によって変わるが、一両＝四千文（江戸時代中期の公定相場）として計算すると、金二分は二千文である。江戸中期以降、そば一杯が十六文だったので、金二分はそば一二五杯分となる。中見世にも揚代金二分以上の遊女がいたが、そのほかに金二朱（金二分の四分の一）の遊女もいた。なお、金二分以上の遊女が高級遊女、いわゆる「花魁《おいらん》」と呼ばれた遊女である。小見世には金一分の遊女と金二朱の遊女がいたが、ほとんどの遊女が金二朱であった。

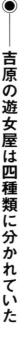

遊女屋の種類

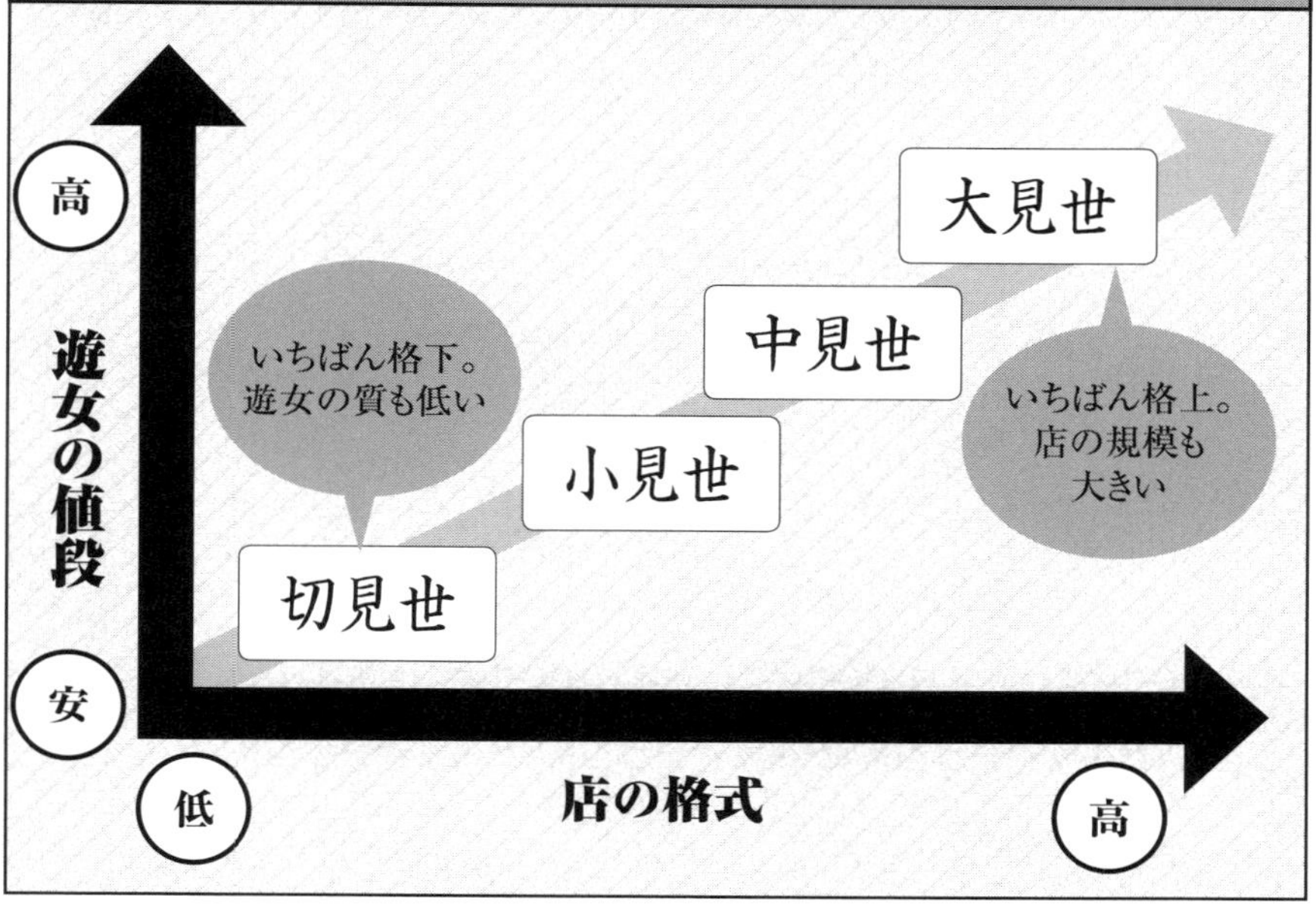

そのほかに「切見世《きりみせ》」という最下級の遊女屋があった。切見世は局《つぼね》見世、河岸《かし》見世ともいい、遊女の質もいちばん悪かった。また、大見世、中見世、小見世の三つは表通りにあったが、切見世は裏通りに軒を連ねた。

表通りにある三つの遊女屋は、規模の大きさだけでなく見た目でも区別がつくようになっていた。

遊女は、遊女屋の一階にある通り沿いの部屋に座って、通りを歩く客に顔見世をするのだが、その部屋には籬《まがき》とよばれる細い格子が窓にはめられていた。大見世は、この籬が窓全体にはめられていた。中見世には四分の三ほどの籬がはめられ、小見世は下半分にだけ籬が組んであった（67ページ参照）。見た目で区別することで、客は料金を推測することができた。

大見世・中見世・小見世の違い

遊女屋の入り口の様子（『娼家全図』部分）。のれんの向こうが遊女屋の内部。のれんの隣にあるのが、遊女が顔見世をする部屋で、張見世（はりみせ）という。張見世ののれん側にある格子が籬（まがき）。

吉原の遊女屋は、江戸時代後期には、すべて合わせて二百軒を超えるほどもあったが、大見世は、どの時代を通じても六、七軒しかなかった。

格式がもっとも高い大見世では、客は普通に行っても遊ぶことはできなかった。大見世で遊ぶには、引手茶屋《ひきてぢゃや》を通さなければならなかったからだ。

茶屋でひとしきり酒を飲み、そのあとに茶屋の案内で大見世に向かうのである。あるいは、指名した遊女が茶屋に出向き、茶屋で遊興したあとに、一緒に遊女屋に行くこともあった。

どちらにしても、いったん引手

籬（まがき）の違い

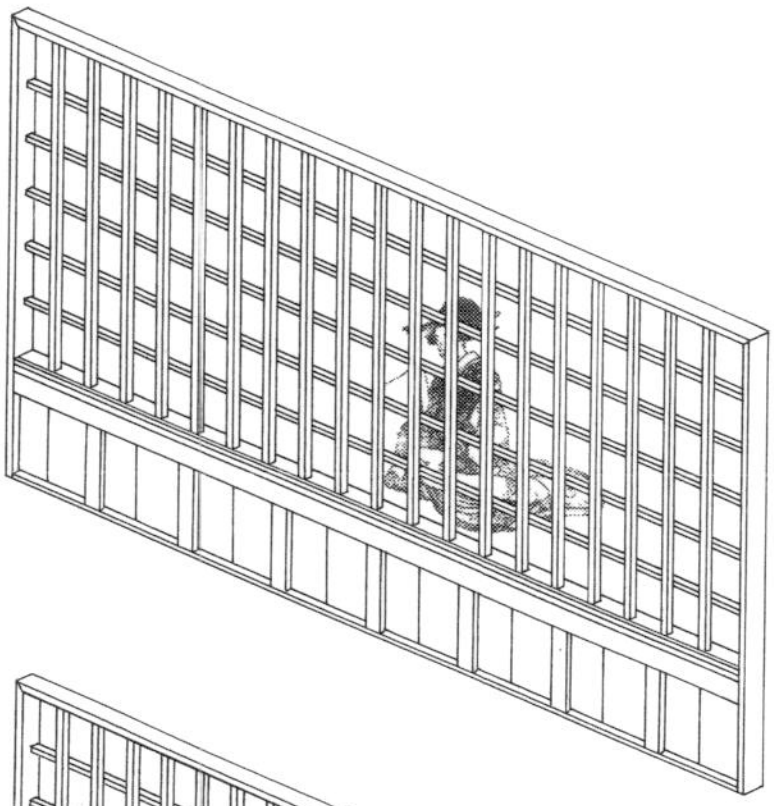

大見世の籬

全面に朱色の格子がはめられている。「惣籬（そうまがき）」という。本来、大見世の遊女は張見世を行わなかったので、当初は支障はなかった。

中見世の籬

向かって右上四分の一くらいが空いている籬で、「半籬（はんまがき）」という。

小見世の籬

下半分ほどだけに格子が組まれた籬で、「惣半籬（そうはんまがき）」という。

茶屋に上がらなければならないため、余計にお金がかかる仕組みだった。そうすることによって大見世の格式を保ったのである。

また、店の規模の大きさも、大見世の特徴だった。間口十三間（約二十四メートル）、奥行き二十二間（約四十メートル）という広さを誇り、中庭まで設けられていた。このように壮麗で格式高く、値段も高かったので、多くの客は大見世では遊べず、「ここは大見世と四五人すぐ通り」という川柳も生まれた。吉原に来た男たちは、大見世というだけで通り過ぎるという意味である。

中見世は、引手茶屋を通さなくても遊ぶことができる遊女屋である。一方で、茶屋を通さなければならない遊女も在籍しており、そのため「交《まじ》り見世」とも呼ばれた。

大見世ほど格式は高くなかったが、小見世よりは上という意識はあったようで、半纏《はんてん》着の客は上げなかったという。半纏着とは、羽織を着ていない客のことで、職人の多くが半纏着であった。

小見世は、在籍するすべての遊女と、引手茶屋を通さずに遊ぶことができた。もちろん、半纏着の客も受け入れた。

引手茶屋に出向く遊女がいないわけなので、小見世の遊女は道中は行わなかった。

◉――吉原の最下級の遊女屋・切見世とは？

切見世は、吉原のなかで最下級の遊女屋である。大見世・中見世・小見世が表通りにあるのに対し、切見世はお歯黒どぶ沿いの裏通りにあった。

裏通りにあった切見世（『川柳語彙』）。長屋造りで、同じ屋根の下で数件の切見世が商売していた。部屋は奥行き六尺（約一・八メートル）ほどしかなく、見世と見世の仕切りは襖一枚だった。

裏通りは幅が一メートルあるかないかの細い路地で、人が二人並んで歩けないほど狭かった。その通りの両側に棟割長屋《むねわりながや》が並んでいたが、その長屋を間口四尺五寸（約一・四メートル）、奥行き六尺（約一・八メートル）に割って部屋をつくった。この部屋を「局《つぼね》」と称したため、切見世のことを「局見世《つぼねみせ》」ともいった。入り口が開いていれば開店中で、客をとると入り口を閉めた。

大見世・中見世・小見世の遊女は二十八歳で定年だったが、切見世の遊女に年齢は関係なかった。二十八歳を過ぎて身を寄せるところがない遊女が、切見世の遊女になることも多かった。そのほか、各地の岡場所《おかばしょ》から移ってきた者もいたという。

切見世の入り口には小さな角行灯《かくあんどん》が掲げられ、屋号や「火用心」、「千客万来」などの文字が書かれていた。入り口を入ると、三尺（約〇・九メートル）ほどの土間があり、土間をあがると鏡台や化粧台が置いてあって、敷布団が用意されている。ここが客との交渉の場である。当然ながら便所はなく、客は我慢しなければならない。長屋を割って部屋にしているので壁はなく、見世と見世の仕切りは襖《ふすま》一枚だったというから、交渉中の声は

切見世の構造

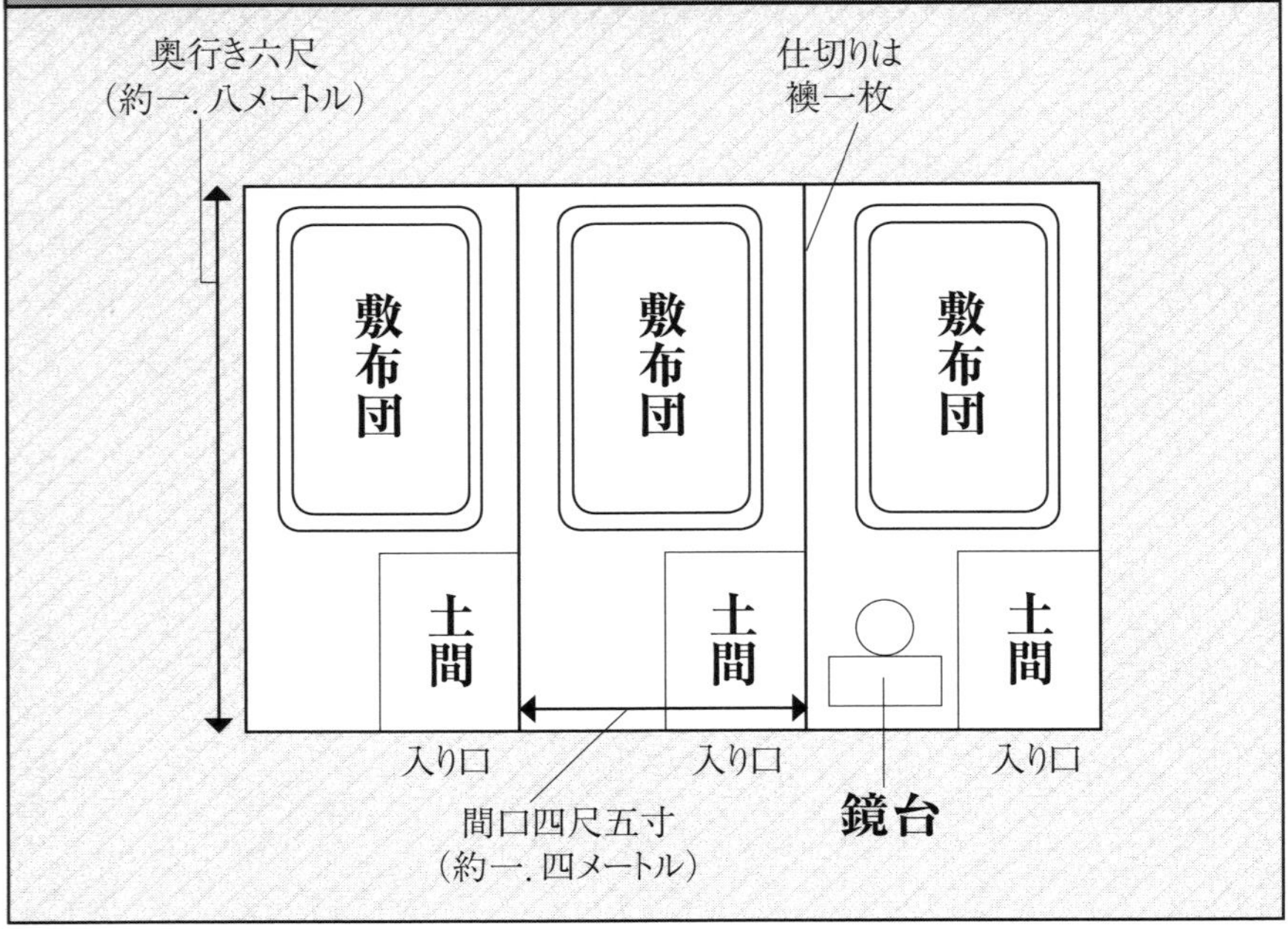

隣に筒抜けだった。

吉原の裏通りにはそれぞれ別称がついており、江戸町《えどちょう》一丁目と二丁目にある裏通りは浄念河岸《じょうねんかし》、京町《きょうまち》一丁目の裏通りは西念《さいねん》河岸、京町二丁目の裏通りは羅生門《らしょうもん》河岸と呼ばれた。

切見世は、これらの河岸にあったが、羅生門河岸の切見世がとくに品がなかったといわれ、ここを通る男の手や服などをつかみ、無理やり見世に連れ込んで客にしたという。そうした強引さを、伝説上の羅生門に見立てて「羅生門河岸」と名付けられたともいう。

なお、切見世の遊女の揚代は百文（金二朱の五分の一）が相場だった。ほかの遊女屋とは違い、時間制になっていて、延長すればその分、お金がかかった。

遊女屋の中はどうなっていたか?

遊女屋の一階には何があったか?

切見世《きりみせ》以外の遊女屋は、江戸時代としては珍しい二階建てであった。大きく分けると、一階が従業員たちの部屋、二階が遊女と客の部屋である。

遊女屋の入り口は、だいたい同じ造りになっていた。表通りに面して張見世《はりみせ》を行う部屋がある。ここに昼と夜、在籍する遊女たちが座るのである。通りを行く男たちは、張見世で座る遊女を眺め、その日の相手を決めた。ただし、道中を行う高級遊女は原則として張見世を行わない。張見世の間は、遊女屋の従業員が呼び込みをしている。

入り口には床机《しょうぎ》が置かれ、床机の前には籬《まがき》が組まれている。床机の横に妓夫《ぎゆう》台があった。これは、遊女を眺めている客に遊女の名前を教えたり、相手が決まった客を取り次いだりする店番が座る台である。小見世の店番を「妓夫」と呼んだので、この名前がある。

暖簾《のれん》をくぐると土間があり、井戸とかまどが置かれていて、一段上がったところに板敷きの台所がある。新吉原に移った頃は遊女屋で客の料理をつくっていたが、中期以降は酒の肴や汁物をつくるだけになった。在籍する遊女の食事もここでつくるので、台所はいつも忙しかった。

遊女屋の入り口

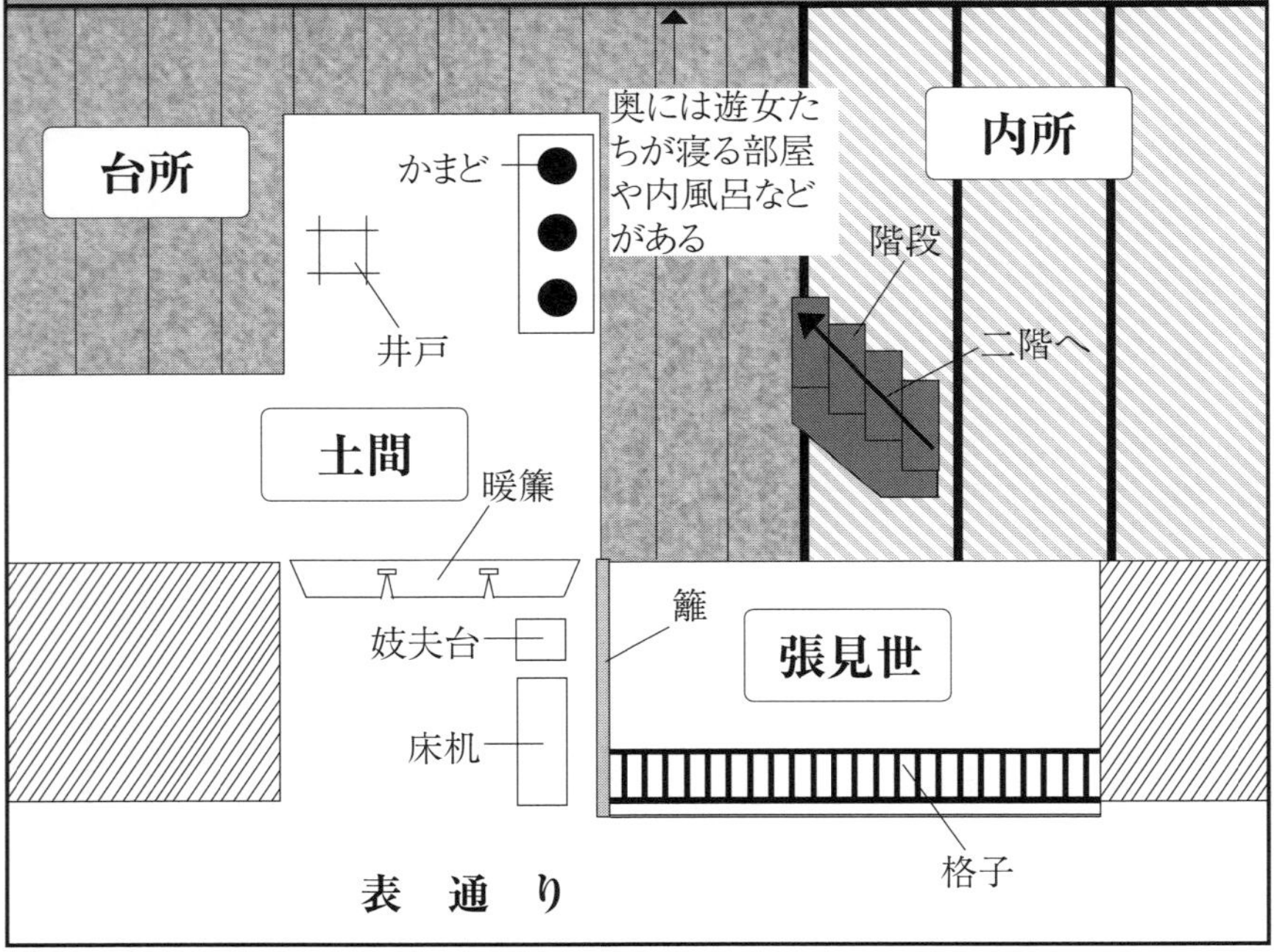

台所の隣には「内所《ないしょ》」あるいは「お内所」と呼ばれる楼主《ろうしゅ》夫婦の部屋がある。内所は開けっ放しだったので、台所や土間の様子がよく見えた。また、内所のすぐそばに階段があるので、楼主夫婦は上り下りする人たちすべてに目を光らせていた。

武士は刀を差したまま遊女屋には上がれなかったので、楼主に刀を預けた。そのため、内所には刀掛が備え付けられていた。

さらにその奥には、遊女たちが寝る雑魚寝《ざこね》部屋がある。部屋持《へやもち》以上の高級遊女は二階に自分の部屋を持っていて、そこで寝起きしていたが、それ以外の遊女や禿《かむろ》は一部屋で雑魚寝していた（遊女の階級や禿については第三章を参照）。そのほかにも、遊女以外の奉公人のための雑魚寝部屋もあった。

遊女屋には内風呂もついていた。内風呂に入れるのは、原則として遊女屋の者だけだったが、居続けの客は利用することができた（居続けについては100ページ参照）。

そのほかにも、各部屋に置く行灯《あんどん》を昼間に保管しておく行灯部屋や、楼主夫婦や見世の関係者たちが利用する居間などもあり、大見世になると中庭までついていた。行灯部屋は、遊女を折檻するためにも使われたという。

◉──遊女屋の二階は客との交渉の場

内所を通って階段を上がり二階に行くと、たくさんの部屋がある。二階は、主に遊女と客が交渉するところだ。階段を上ってすぐのところにあるのが、遣手《やりて》部屋である。遣手とは、のちほど説明するが、簡単にいえば遊女を監督する女性のことである（79ページ参照）。遊女屋には必ず遣手が一人はいた。遣手部屋からは、内所と同様、階段を上ってくる客がよく見える。また、遊女の動きも監視できた。

遣手部屋の隣は、初めての客を迎え入れる「引付座敷《ひきつけ》」である。大見世ともなると、二十畳もあったという。

そして、高級遊女の部屋がある。部屋持の遊女は一部屋で、そこで寝起きするとともに客も迎え入れた。座敷持《ざしきもち》以上の遊女は自分の部屋以外に、客と交渉するための座敷を持っていた。人気の遊女になると、二、三部屋持っている者もいた。遊女の自室は十二畳、座敷は八畳が相場だったから、わり

と広かったといえよう。

遊女は一晩に一人の客だけを相手にするわけではない。人気の遊女にもなると、一晩に何人もの指名が入る。そこで、遊女の部屋や座敷に入れない客を待たせておくための部屋が必要となる。この部屋を「廻《まわ》し部屋」といった。

廻し部屋はだいたい二十畳くらいの大部屋で、屏風などで仕切って個室風にし、そこで客を待たせた。

なかには、六畳ほど

遊女屋の二階の様子を描いた浮世絵（『吉原遊郭娼家之図』部分）。遊女部屋と座敷が多数あり、遊女や客、禿、若い衆などとともに、台の物を運ぶ台屋などの姿も見える。

の小部屋を廻し部屋として用意する遊女屋もあったという。

　通りに面した部屋は「表座敷」といわれ、宴を催す大部屋である。大勢で連れ立って遊びにくるときは、芸者や幇間《ほうかん》を呼んで宴会を開いた。もちろん遊女も参加し、引手茶屋の関係者が列席することもあった。

　客は連れとともにひとしきり騒いだあと、遊女と一緒に部屋なり座敷なりに移動したのである。

客と遊女屋を仲介する引手茶屋とは？

揚屋の衰退と引手茶屋の繁栄

引手茶屋《ひきてぢゃや》は、簡潔にいえば、客を遊女屋（妓楼《ぎろう》）に案内する店のことである。最盛期には百軒近い引手茶屋がひしめいてにぎわった。

もともと、客と遊女屋を仲介していたのは「揚屋《あげや》」という店だった。元吉原の時代には、高級遊女との交渉は、遊女屋（当時は置屋《おきや》といった）ではなく揚屋で行われた。

揚屋には、それぞれ一軒ずつ茶屋がついており、客はまず茶屋に入って遊興し、そして揚屋に行って遊女と遊んだ。遊女を呼ぶためには揚屋から遊女屋に対して「揚屋差紙《さしがみ》」という証文を送る決まりだった。揚屋制度は金がかかるうえに、手間もかかったため、揚屋を通さずに直接茶屋に行って遊ぶ客が増え、宝暦《ほうれき》年間（１７５１～１７６４年）に揚屋は廃絶した。

揚屋にかわって繁栄したのが引手茶屋だった。引手茶屋は、揚屋がある時代でも、格が低い遊女屋へ案内することがあったが、もともと揚屋に客を案内するのが役目だった。それが、揚屋の代わりに客を遊女屋に案内するようになったのである。『吉原大全』（江戸時代中期の洒落本）によれば、１７６８年（明和《めいわ》５）の段階で、「今は町の名のみにて揚屋はなく、茶や（引手茶屋）ばかり残れり。（中略）

中の町茶やだんだん多くなりて、大門《おおもん》口より水戸尻《すいどじり》（水道尻のこと）まで、すき間もなく軒をならべ、日々のはんじようい ふばかりなし」という状況であった。1811年（文化《ぶんか》8）の『吉原細見《さいけん》』（江戸時代の吉原の案内本）によると、大門の外に七軒、仲の町の右側に三十軒、左側に三十五軒の引手茶屋が軒を連ねていた。

大門をくぐってすぐのところにあった「山口巴屋（ともえや）」という引手茶屋。茶屋のなかで遊女と客が談笑している。

大見世で遊ぶためには、必ず引手茶屋を通さなければならなかったが、中見世は直接の客も受け入れた。しかし、引手茶屋を介する客は上客として優遇した。小見世は引手茶屋から客を取らない決まりであった。中見世が引手茶屋を通した客を優遇したのは、引手茶屋を通すと、代金のすべてを引手茶屋が立て替えたからだ。遊女屋側は、いちいち客に代金を請求する手間が省け、万が一、無銭飲食の客がいても、取り立ては引手茶屋がやってくれた。客側も、芸者を呼んだり、料理を頼むたびに代金を支払っていたが、その煩わしさがなくなった。

落語や芝居などで、遊廓遊びの果てに借金で首が回らなくなった若旦那が登場するが、これは遊女屋ではなく引手茶屋への借金であることが多い。

遊女屋ではどんな人たちが働いていたか？

「忘八」と蔑まれた「楼主」

遊女屋（妓楼《ぎろう》）の経営者のことを「楼主《ろうしゅ》」という。妓楼の主という意味である。普段は遊女屋一階の奥にある「内所《ないしょ》」と呼ばれる専用部屋で、経営者として楼内の仕事の差配をした。また、外に出て、江戸の町に三人いた町年寄《まちどしより》から情報を仕入れたりといった仕事もあった。

表通りに遊女屋を構える大見世《おおみせ》の楼主ともなると、名高い花魁《おいらん》をはじめ多くの遊女や奉公人を抱え、武家や豪商など気位の高い客たちも出入りするため、それ相当の管理能力や経営手腕、さらに教養も必要であった。そのため、優れた文化人などとも積極的に交流を持ち、自らも俳句や狂歌をよくする粋人も少なくなかった。

経営の才覚や教養にも増して不可欠だったのは、遊女たちを情に流されることなく、商品として扱う冷酷さだった。よって、遊女たちから搾れるだけ搾り取る楼主は、「忘八《ぼうはち》」と蔑称された。忘八とは、「仁・義・礼・智・孝・貞・忠・信」の八徳を失った者のことである。逆に言えば、こうした人としての徳が備わってしまえば、遊女屋の経営などはできなかった。

遊女たちを監督する「遣手」

「遣手《やりて》」とは、遊女屋の遊女たちを監督する役である。遊女屋の二階に遣手部屋をあてがわれ、寝起きも食事もここでした。年季が明けてもそのまま遊女屋に留まった年増の元遊女が務めることが多かった。明治時代以降は「おばさん」と呼ばれるようになった。元遊女だけあって知識や経験は豊富で、若い遊女のしつけから上手な客のあしらい方、閨房《けいぼう》の技に至るまで、こと細かく遊女たちを指導した。行儀や働きの悪い遊女は厳しく叱りつけ、折檻することさえあったので、遊女たちから頼られる存在というよりも、むしろ煙たがられる存在であった。

遣手（『客衆肝照子』）は遊女の指導・監督を受け持った。

遊女と客が部屋に入ると、遣手は煙草盆《たばこぼん》と水差しなどを持って遊女部屋に行き、準備が終わると行灯《あんどん》の明かりを暗くして退室する。そのとき遣手は「おしげりなさいまし」と、遊女と客に声をかけたという。「ごゆっくりお楽しみください」といった程度の意味である。

基本的に遊女屋から給金は出ず、衣類や布団などの身の回り品は自己負担だった。客の祝儀などが主な収入だったので、抜け目なく上客を見分けて厚遇し、金が続かなくなると見限って上等な遊女は遠ざけた。

◉――若くなくとも「若い衆」

年齢には関係なく、遊女屋で働く男の奉公人を総称して「若い衆《わかし》」あるいは「若い者」と呼んだ。なかには五十歳、六十歳の若い衆もいた。

若い衆の筆頭が「番頭《ばんとう》」である。帳場を預かり、出入りする客の良し悪しを観察しながら、金銀の出納や諸品の買い入れ、ほかの奉公人の監督などをした。夕方頃から帳場に出て夜を明かし、翌朝、楼主のところに行って前夜の決算報告をした。

布団を運ぶ「二階廻し」（『春遊十二時』部分）。馴染の客からのプレゼントである遊女の布団を運ぶのも二階廻しの仕事だった。

「見世番《みせばん》」は、「妓夫《ぎゆう》」とも呼ばれ、遊女屋の表まわりで働いた。主に入り口の妓夫台といわれる台に座って客引きなどをし、相手が決まった客を取り次いだ。

また、高級遊女が道中を行うとき、提灯《ちょうちん》を持って従うのも見世番の役割だった。

「二階廻し《にかいまわ》」と呼ばれる若い衆は、遊女が客の相手をする遊女屋の二階を取り仕切る。遊女と客の間に立って宴席や床入りなどを世話した。別称で「喜助《きすけ》」ともいう。ただ座敷を整えるだけでなく、悪酔いしたわがままな客や、言うことを聞かない遊女を上手になだめすかすなど、臨機応変な気働きができる者が務めた。

◉――接客しない「雇い人」

「若い衆」のように接客しない男の奉公人は、すべて「雇《やと》い人《にん》」といわれた。

「料理番」は、主に遊女屋でのまかない料理を担当した。酒の肴など簡単な料理は客にも出したが、宴席に出すような豪華な料理は、仕出し料理屋から取り寄せた。

「風呂番」は、遊女屋にある内湯を担当した。遊女は通常、朝風呂に入ったという。

「不寝番《ねずのばん》」は、遊女屋二階の廊下を、拍子木を打ちながら徹夜で時刻を告げてまわった。遊女が寝ている部屋は常に薄明りをともしていたため、行灯に油を足すのも不寝番の役目であった。

拍子木を打って時刻を知らせる「不寝番」。（『鄽数可佳妓』部分、早稲田大学図書館蔵）

吉原という町にあったその他の店

◉——吉原遊びを陰で支えたお店の数々

†見番

吉原の芸者や幇間《ほうかん》たちの元締めとなったのが「見番《けんばん》」である。角町《すみちょう》の楼主《ろうしゅ》であった大黒屋庄六《だいこくやしょうろく》によって創設された。芸者が遊女から客を奪ったり、幇間が遊女と親密になったりする廓内での規律の乱れを正すのが役割である。また、上前を徴収して公共費にあてるという役割もあった。

†芸者・幇間

見番に登録した芸者は、宴席などに呼ばれると必ず二人一組で座敷に出た。客と深い仲にならぬようお互いが監視するので、吉原芸者は身持ちが固いことで知られるようになった。芸事に徹したが、常に遊女の添え物として格下に扱われることに忸怩たる思いを抱く者もいたようである。芸者の衣装は華美にならぬよう指導され、髪飾りも櫛《くし》は一枚、笄《こうがい》や簪《かんざし》は合わせて二～三本と制限された。

太鼓もちとも呼ばれる幇間は、ひょうきんな小咄《こばなし》を披露したり、歌ったり踊ったりして宴席を盛り上げた。座興のほかにも、茶の湯や俳諧などに巧みな者も多かった。幇間は気働きの才が何より重要で、客の心を受け、遊女の気をはかり、茶屋や船宿にまで心を添えたという。

†湯屋・裏茶屋

湯屋《ゆや》は銭湯のことで、揚屋町《あげやちょう》や伏見町《ふしみちょう》にあった。遊女屋にも内風呂はあったが、遊女たちは気分転換を兼ねてよく湯屋に通った。湯屋は朝早くから夜五ツ（午後八時頃）まで営業しており、吉原に遊びにきた客も入っていった。

江戸市中の出合茶屋《であいぢゃや》のことを吉原では「裏茶屋《うらぢゃや》」といった。人目をはばかる男女の密会に使われるところなので表通りにはなく、揚屋町・角町・京町《きょうまち》二丁目の裏通りで営業していた。芸者や幇間をはじめ、引手茶屋《ひきてぢゃや》の男衆など吉原関係者が主に利用していた。船宿や吉原に出入りする商人など、表だって遊女屋で遊べない者たちの密会の場でもあった。

†始末屋

遊びの代金を払えない客から、遊女屋に代わって取り立てるのが始末屋《しまつや》である。不足の額を始末屋が立て替え、客の自宅など金策できそうな場所に使いをやって請求する。お金を受け取れたら客は放免されるが、そうでなければ客の着物や持ち物などをはぎ取り、裸同然で放り出したという。

そのほかにも、八百屋や魚屋、仕出し屋、菓子屋などの店、書道指南や大工、左官、音曲師匠なども営業しており、そういった点では、吉原は普通の町と変わらなかった。

遊廓が利用した仕出し料理屋

遊女屋の宴席を彩った料理

遊女屋で供される料理を届ける仕出し料理屋を「台屋《だいや》」という。喜右衛門《きえもん》という料理屋の仕出し料理の評判が高かったことから、台屋のことを総称して「喜《き》の字《じ》屋」と呼んでいた時代もあったが、やがて台屋に落ち着いた。台屋が登場したのは享保《きょうほ》年間（1716〜1735年）のことで、それ以前は遊女屋で料理をしていた。台屋の登場後も、遊女屋は料理番を置き、客や遊女の求めに応じて簡単な酒の肴などを提供することはあったが、宴席を豪華に演出する料理は、おおむね台屋に注文された。

台屋は主に、その名の由縁でもある「台《だい》の物《もの》」を遊女屋に届けた。台の物とは、亀や鶴、松竹梅などの縁起物を派手に飾りつけた料理で、高級な脚付きの大きな台の上に載せた。つまり、台の上に載せた料理だから「台の物」であり、台の物を出す料理屋だから「台屋」ということである。

派手な飾りとともに数人前の料理が盛り合わせになっているのが台の物で、並台と呼ばれたものには、煮肴と酢の物の二種類、大台と呼ばれたものには、刺身、煮物、焼き物、口取の四種類の料理が並んだ。並台の値段は、金二朱（江戸時代後期の公定相場で約八百文。そば一杯が十六文だったので、だいたいそば五十杯ぶん）で「二朱台」とも呼ばれ、大台の値段は、金一分（二朱の二倍）が相場なので「一分台」とも呼ばれた。お酒にしても、普通の店の二倍はかかったという。台屋の格や時代によって料理の内容や値段は変わる。時代を下るにつれ、派手な飾りつけはしなくなったが、台の物が大変高価な料理であることに変わりはなかった。

台屋の使いの者は、遊女屋に届けた台の物を、頭に載せて二階の座敷に運んだ。頭の上に手ぬぐいを置き、その上に大きな膳を載せて階段を上ったという。翌朝、朝五ツ（午前八時頃）になると、また使いの者がやってきて、昨夜届けた多くの膳を回収してまわる姿が吉原の見慣れた光景だった。

●──高価だが味も量もたいしたことはなかった

台の物を運ぶ台屋の使いの者（『東源氏雪月花之内』）。

派手な縁起物の飾りとともに高級な台の上に載せられた台の物ではあったが、その量は思いのほか少なかった。そのため、芸者や幇間《ほうかん》をあげて大いに飲み食いするとなればすぐになくなり、客は次々と追加せざるを得ない。もともと高価な料理だから、客の出費はかさむばかりである。

また、値段のわりに味はそれほどでもなかったようで、飾りの豪華さとの対比が当時の川柳などで皮肉られている。台の物は、目を見張る豪華な彩りで宴席を盛り上げ、客に見栄を張らせるためのものということである。

吉原に出入りした商人たち

◉――さまざまな商人が出入りした

吉原には料理屋や菓子屋など、多くのお店が軒を連ねていたが、出入りの商人たちも多かった。ここでは代表的な商人を紹介していこう。

†髪結

遊女の髪形は、客たちの心を誘い引き寄せるための大事な商売道具のひとつである。よって遊女たちは大いに気を使った。さまざまな工夫が施された遊女の髪形は、いわば流行の最先端として、一般の町屋の女性にも影響を与えたという。なお、遊女の髪形については、１６６ページで改めて詳しく解説する。

花魁《おいらん》と呼ばれる高級遊女は特殊な髪形を結ったので、自分で髪を結うことはできない。毎日、昼前に女性の髪結《かみゆい》が遊女屋まで出向いて髪を結った。ただし、下級の遊女はお互いに髪を結い合うこともあった。また、幼い禿《かむろ》の髪は男の髪結が結った。

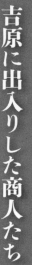

遊女の髪を結っている「髪結」(『其小唄恋情紫』)。

†呉服屋

髪形と同様に、遊女の華やかな衣装は商売道具である。格が上がれば、それ相応の着物を身に着けなければならない。呉服屋にとって吉原遊女は、大名屋敷の奥女中とともに、欠かせない贔屓筋であった。

呉服屋が来れば多くの遊女たちが集まった。女性としてのお洒落心も大いに刺激されて、遊女たちは改めて客からの祝儀を弾ませようと士気を高めるのである。

†お針

「お針」とは遊女屋内の裁縫を請け負う女性のことである。遊女屋に住み込んでいたお針もいたが、裏長屋などから通ってくる者もいた。

遊女には裁縫ができない者が多かった。とくに高級遊女は幼い頃から吉原で育った女性が多かったため、自分で裁縫をする必要がなかった

反物を持ってきた呉服屋。右下の遊女は浮世絵を見て着物の柄を選んでいる。（『画帖時世粧』）

向かって左から二番目の女性が「お針」。針に糸を通しているところ。後ろに積まれた反物を仕上げるのもお針の仕事である。（『画帖時世粧』）

のである。よって、ちょっとした繕い仕事から、馴染みの客から贈られた高価な生地を使った着物の仕立てまで、お針の仕事は絶えず、実入りもよかった。

†文使い

「文使《ふみづか》い」とは、遊女と客とで交わされる手紙を預かって届ける専門業者である。遊女は大門《おおもん》から出られないので、業者に預けたのである。専門というだけあって文使いは手紙の配達に気を使った。遊女に託された手紙を客の女房や親など家族に気づかれることなく、本人に直接届けなければならないのだ。時には何気なく道をたずねる振りをしながら、そっと客に手渡すこともあったという。

†行商人

吉原には多種多様な業種の行商人がやってき

文使いに手紙を渡す遊女。馴染みの客に再訪を促したり、お金の無心をしたり、遊女はよく手紙を書いたので、文使いの仕事も多かった。(『春暁八幡佳年』)

図版中央の大きな風呂敷をかついでいるのが貸本屋。遊女屋の二階で売り歩いた。(『赤前垂祇園女護』)

た。狭い地域に人口が密集し、金使いの荒い者も少なかったことから、行商人にとって吉原は商売効率のよい場所だったのである。

遊女は大門の外へ出ることができなかったので、楽しみが少なかった。そんな遊女の楽しみのひとつだったのが、貸本屋から借りる本であった。貸本屋は大きな箱を風呂敷に包み、遊女屋の二階を歩いた。

小間物屋も、吉原の常連行商人だった。遊女にとって欠かせないのが化粧道具と巻紙であるが、これらをまとめて売り歩いた。巻紙は手紙を書くために使う。

行商人とはちょっと違うが、按摩師や易者もやってきた。按摩は、遊女だけでなく楼主《ろうしゅ》や遊客らも利用したため、何人もの按摩師が吉原で商売していた。

禿が遊女に命じられて行商人を呼び止めるときは、「向こうの人、向こうの人」と声をかけた。

小間物を売り歩く老婆。巻紙や白粉、お歯黒などを売っている。笠をかぶった女性は易者。

遊女をマッサージする按摩師（『閨の友月の白玉』）。男性だけでなく女性の按摩師もいた。

遊女が参詣した稲荷社

四隅にあった稲荷社

吉原には、四隅に四つの稲荷社《いなりしゃ》があった。江戸町《えどちょう》一丁目の榎本《えのもと》稲荷、江戸町二丁目の明石《あかし》稲荷、京《きょう》町《まち》一丁目の松田《まつだ》稲荷（開運稲荷）、京町二丁目の九郎助《くろすけ》稲荷である。また、大門《おおもん》の手前の衣紋坂《えもんざか》にも玄徳《げんとく》稲荷（吉徳《よしとく》稲荷）があり、１８７２年（明治《めいじ》５）には、これら五つの稲荷をまとめて吉原神社とし、大門外に社殿を立てた。現在の吉原神社は、昭和に入ってから吉原弁財天も合祀したものである。

五つの稲荷のうち、遊女たちにいちばん人気があったのが九郎助稲荷である。女たちは何かにつけて九郎助稲荷へ詣って願をかけた。

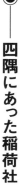

「番所」と「会所」

大門を入ってすぐの左右には、「番所《ばんしょ》」と「会所《かいしょ》」がある。

左手にある瓦葺《かわらぶ》きの屋根の建物が番所で、町奉行所の与力《よりき》や同心《どうしん》、岡《おか》っ引《ぴ》きが常駐していた。これは吉原が奉行所の管轄下にある遊廓だからである。役人たちは、ここで廓内の騒動を取り締まったり、

吉原の廓内にあった稲荷社に詣でる遊女たち（『青楼美人合姿鏡』）。

吉原に出入りするお尋ね者などを見張ったりしていた。吉原には叩けばほこりの出る者が多かったことから、その威勢は極めて大きかった。大門右手には板屋根の小屋があり、会所もしくは四郎兵衛《しろべえ》会所と呼ばれた。こちらには名主《なぬし》、地主などの代わりとなる番頭がいた。四郎兵衛という名の者が常駐していたことで四郎兵衛会所と呼ばれたという。

大門の開閉や不審者の取り締まりもしたが、ほかに大きな仕事があった。それが、吉原から逃げ出そうとする遊女の監視である。

男の場合は、遊興や商用を問わず自由に吉原に出入りができた。しかし、女の場合は遊女に限らず、あらかじめ会所に用向きを伝えて「切手（通行証）」をもらい、大門を出入りする際にそれを提示しなければならなかった。遊女が変装して逃亡するのを防ぐためである。

吉原での遊び方とは？

初めて吉原に行くときはどうすればいいか？

四方を水路で囲まれた吉原はある種、世間から隔絶した場所であった。そのためか、吉原には独特の作法のようなものがあった。それは、吉原の遊女と遊ぶ際にも通用し、ふらっと出かけて行ってすんなり遊べるわけではなかった。

まず、道中《どうちゅう》を行う特権をもった高級遊女と遊ぶには、引手茶屋《ひきてぢゃや》を通さなければならない。これは一見の客には敷居が高いが、初めての客が引手茶屋に行ってはいけないということではない。そういう客でも引手茶屋は、客の好みと懐具合を聞いて、それに沿った遊女を紹介してくれた。

引手茶屋を通さない場合は、中見世《ちゅうみせ》か小見世《こみせ》に行って、張見世《はりみせ》をしている遊女のなかから探すことになる。張見世とは、遊女屋の一階の通りに面した部屋で、遊女たちが並んで座ることである。格子窓がついていて顔が見えるようになっているので、客は並んで座っている遊女のなかからお気に入りを探した。

遊女を選んでいると、客引きの妓夫《ぎゆう》（見世番）があれこれと声をかけてくるので、相手が決まったら妓夫にその旨を告げる。妓夫は遊女に客がついたことを店に知らせるとともに、ここぞとばかりに

遊女と遊ぶための方法

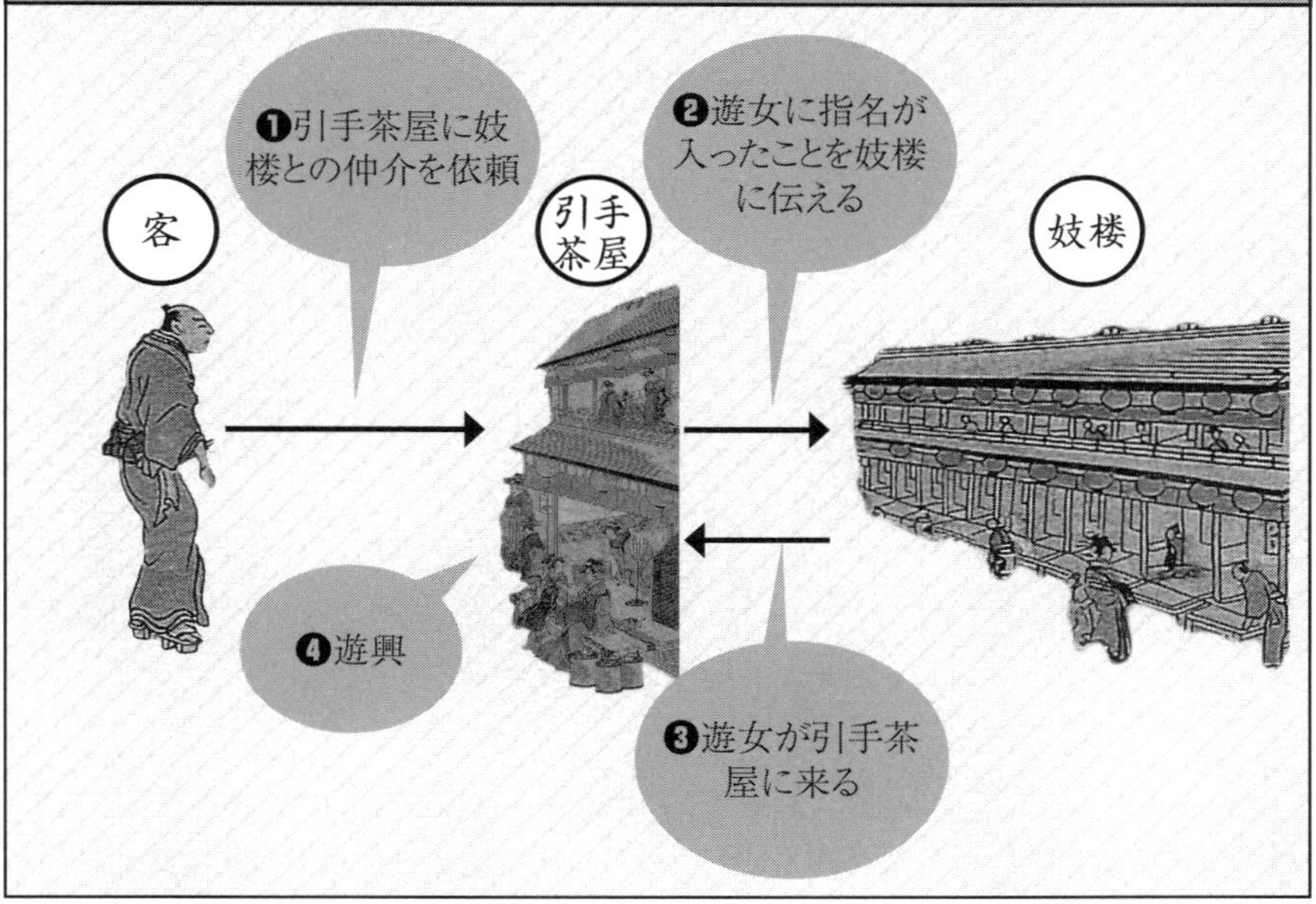

酒や料理、芸者などの注文を聞いてくる。妓夫は少しでも多く金を使わせようとしてくる。客は、料理などをケチっては遊女の機嫌を損ねることにもなるので、いくらかは注文しなければならない。

注文がまとまると、若《わか》い衆《し》が二階に案内する。このとき、武士であれば、刀を遊女屋に預けなければならない。

二階にあがると、初めての客はまず引付《ひきつけ》座敷に通される。ここが、遊女と初めて顔を合わせる場所になる。このとき、遊女が上座で客が下座に座るのが決まりだった。

やがて遣手《やりて》が遊女とともにやってきて、遣手の仲立ちで盃を交わす。これは結婚式の三々九度の見立てで、遊女が一夜妻になるしるしである。あくまで見立てなので、盃のなかには何も入っていない。

その後、遊女が客を部屋に通す。妓夫と

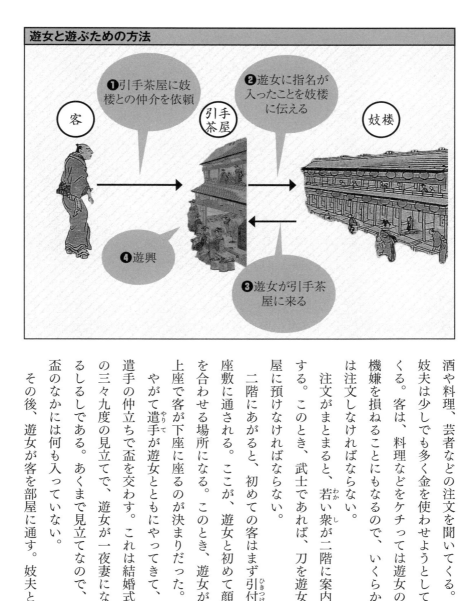

引付座敷で遊女を待つ客。向かって左に座って客に話しかけているのは引手茶屋の男衆。(『吉原年中行事』)

の交渉で多額の金を使っていれば遊女部屋に通されることもあるが、初会は廻《まわ》し部屋に通されることが多かった。部屋に入ると台屋《だいや》から料理が届き、これが空になった頃を見計らって二階廻しの若い衆が布団を運び入れた。

その後、朝まで遊女と過ごすのである。

引手茶屋の役割

大見世《おおみせ》の遊女と遊ぶときは、引手茶屋を通さなければならない。客はまず茶屋へあがり、茶屋の二階で一席設け、遊女屋への案内を待った。遊女が茶屋まで来て、一緒に酒を飲んだり茶を飲んだりして遊興することもある。そのときは遊女だけでなく、お付きの禿《かむろ》や新造《しんぞ》、遣手も一緒についてきて飲み食いするので金がかかった。

引手茶屋での遊興が終わると、茶屋の関係者に案内されて遊女屋へ向かう。遊女が一緒にいれば、禿や新造なども引き連れての移動になるので、非常に目立ち、客としては晴れがましい気持ちになった。

遊女屋に客を案内して、引手茶屋の仕事が終わりというわけではない。引手茶屋は客が遊女と寝床に入るまで付き添った。芸者や幇間《ほうかん》、料理の手配をし、遊女と客との宴席にも列した。二人が床に入ると退席したが、翌朝客が帰るときには、引手茶屋の若い者が迎えにやってくる。ときには二人の寝床まで行って寝ている客を起こすこともあった。

客にしてみれば、引手茶屋を通せば面倒事は茶屋がやってくれるので都合がよかった。遊女屋にしても、客の代金は引手茶屋が立て替えてくれるのでとりっぱぐれる心配がなかったため重宝された。

COLUMN

紀文と奈良茂の大尽遊び

吉原で豪遊することを「大尽遊び」というが、その代表格が紀伊国屋文左衛門《きのくにやぶんざえもん》（紀文）と奈良屋茂左衛門《ならやもざえもん》（奈良茂）の2人である。どちらも元禄時代を代表する豪商だ。紀文は小粒金を升に入れて豆まきの要領でばらまいたり、一夜で二千三百両もの大金を投じることもあったという。当時、一両で米を十五キログラム買えたというから、莫大な金額である。

一方の奈良茂も紀文に負けない贅沢ぶりで、紀文と張り合った。あるとき奈良茂は、吉原にそば二箱を持っていくだけのために吉原近辺のそばをすべて買い占めて、そば二箱に箔を付けたという。

床入りまでの慣習

遊女と寝ることを「床入り」という。床入りの前には酒宴を行うことが通常だったが、「床急ぎ」といって金に余裕がなかったり急いでいる場合は、酒宴を省略した。しかし、廻《まわ》し部屋（99ページ参照）に通された客が酒も料理も注文しなければ、一度も遊女が顔を出さないということもあったので、廻し部屋の客は何かしらを頼むのが普通だった。

酒宴をはる場合は、禿や新造が同席し、仲間の遊女もくる。茶屋の案内人も同席し、芸者や幇間を呼ぶこともあった。頃合いを見計らって、お付きの番頭新造（112ページ参照）が「お引けでございます」と言って宴が終わり、ようやく床入りとなった。

遊女と床入りした客。（『風流艶色真似ゑもん』）

◉——「廻し」と「名代」

遊女は一晩で一人の客を相手にするわけではない。何人もの客をとることになるが、遊女に同時に複数の客をつけることを「廻《まわ》し」といった。

下級遊女は自分の部屋を持っていないか、あっても一部屋である。高級遊女であれば、自分の部屋と座敷を持っているが、それでも部屋が足りなくなる。そこで、「廻し部屋」という部屋に客を案内した。廻し部屋は大部屋を屏風などで仕切っただけの相部屋である。隣の客に見られることはないが、物音や声は筒抜けだった。

廻しの客でも、建前上は、遊女は平等に扱わなければならないのだが、すべての客を相手にしていて

廻し部屋で遊女が来るのを待っている客。（『穴可至子』）

廻し部屋で性交渉を行う二組の男女。物音も声も隣の二人には筒抜けである。（『万福和合神』国際日本文化研究センター蔵）

は、遊女も疲れてしまう。そのため、廻しの客のなかには、いつまでたっても遊女がこないまま夜明けを迎えてしまう者もいた。廻し部屋に遊女が来た客は「もてた」といい、来なかった客は「ふられた」といった。ふられた客のなかには怒り出す者もいたが、それも吉原遊びのうちと割り切る客のほうが多かったという。

廻しの客をとった遊女は、自分付きの振《ふり》袖新造《そでしんぞ》（112ページ参照）を代わりに差し出すこともあった。これを「名代《みょうだい》」という。ただし、名代ができるのは添い寝までで性的な交渉はしない。客も名代に手をつけてはいけないという暗黙のルールがあった。

居続けと後朝の別れ

遊女屋で一晩遊ぶ場合、客は明け六ツ

(午前六時頃)前には帰宅の途についた。引手茶《ひきてぢゃ》屋《や》を通した場合は、約束の時間に茶屋の若い者が起こしにきてくれるが、そうでない場合は遊女屋の若《わか》い衆《し》や禿《かむろ》が起こした。

起床した客は、禿が持ってきた洗面道具で顔を洗い、房楊枝《ふさようじ》で歯を磨き、口をすすぐ。その後、遊女がお茶を淹れてくれることもあるので、それを飲んだ。遊女部屋を出ると、階段を降りるところまで見送ってくれる。深い馴染みの客になれば、一緒に遊女屋を出て引手茶屋などで朝食をとり、遊女が大門《おおもん》まで送ってくれることもあった。しかし、これはかなりの特例であった。江戸の遊里語で、遊女と客の別れを「後朝《きぬぎぬ》の別れ」といった。

客のなかには朝になっても帰らず、遊女屋にとどまる者もいた。これを「居続《いつづ》け」といった。居続けの客は遊女にとっては金づるなので、遊女は客に居続けを勧めた。

しかし、幕末の話だが、「上《じょう》は昼来て夜帰る、

COLUMN

江戸時代の歯ブラシ・房楊枝

遊女は毎晩のように男を相手にしなければならなかったので、身だしなみや化粧には非常に気を使っていた。歯磨きも、市井の人々よりも入念に行った。江戸時代の歯ブラシは房楊枝といい、柳などの枝を長さ二十センチメートルほどに細く削り先を尖らせ、煮て柔らかくしたあと、片方の先端をブラシ状にしたものだ。ほぼ使い捨てだったので、遊女は房楊枝を何本も持っていた。ブラシ状になっている部分で歯を磨き、尖っているほうで歯の間を掃除した。房楊枝で舌をこすり、舌の掃除もしたという。

中は夜来て朝帰る、下下《げげ》の下《げ》の下《げ》が居続ける」と言われたといい、居続けは通人のすることではなかった。

●──初会の客は「ふられる」

初めて遊女と会うことを「初会《しょかい》」という。高級遊女は初会の客とは同衾《どうきん》しないどころか、飲み食いもせず、「はい」「いいえ」くらいしか口を利かなかったという。もちろん遊女の個室には入れない。その遊女を気に入れば、客は再び指名する。二度目を「裏を返す」という。遊女に忘れられないうち、だいたい一週間以内に裏を返した。二度目には「裏祝儀」という祝儀を遊女と遊女付きの若い衆に与える。揚代《あげだい》と同額であったという。裏祝儀が渡されると、遊女は酒を酌み交わし、話にも付き合う。しかし、まだ同衾することはできない。

三度目に「馴染」となる。馴染になって初めて遊女部屋に通される。このとき、遣手に裏祝儀と同額の祝儀を渡し、遊女には床花《とこばな》という祝儀を渡すのがしきたりだった。これでようやく遊女と同衾できた。

なお、初会や裏で、遊女だけでなく遣手や若い衆、新造や禿にもそれなりの祝儀を渡せば、「初会馴染」「裏馴染」といって、三度通わなくてもよかった。

馴染になると、蝶足膳《ちょうあしぜん》という蒔絵《まきえ》のお膳が出る。お膳の上には客の名を書いた専用の箸が用意された。

こうしたしきたりが、「遊女は三会目で肌を許す」といわれる由縁であるが、実際は有名無実化したしきたりだった。元吉原時代や、新吉原初期の頃は、そういう高級遊女もいたのだろうが、町人が吉原の主要な客になってからは、金さえ払えば一度目でも同衾することは可能であった。ただし「床花を裏へ取り越しもてる也」とか「なげられもせうかと初会片苦労」といった川柳が残されているところを見ると、当時の人たちも、有名無実化していたとはいえ、こういうしきたりがあることを認識していたことがうかがえる。

●「惣仕舞」という大尽遊び

吉原で遊女と遊ぶには揚代だけでは済まず、遣手や新造など遊女屋の関係者に対する心づけも必要だった。その最たるものが「惣花《そうばな》」ある

裏を返した客と遊女。廻し部屋ではなく、敷布団も一枚ではないので、下級遊女ではないことがわかる。遊女が客の帯をほどこうとしている。18 世紀中頃の吉原である。（『風流艶色真似ゑもん』）

いは「惣仕舞《そうじまい》」と呼ばれるものだった。

惣花とは、その遊女屋に所属する遊女の揚代をすべて払ったうえ、すべての使用人と楼主にも祝儀を与えることである。言ってみれば、遊女屋一軒を貸切状態にしての豪遊だから、非常にお金がかかる。よほどの豪商でもない限り、惣花はできなかった。しかし、惣花遊びがあまりにも派手になったため、1795年（寛政《かんせい》7）、祝儀の上限が決められ、大見世では金三両、中見世では金二両、小見世では金二分までとなった。当時の最上級の遊女である呼出《よびだし》の揚代が金一両一分なので、小見世の惣花代はそれよりも安くなったわけだ。

惣花と似たようなものに、「二階花」があった。これは、二階で働く全員に祝儀を与えることだ。したがって、料理番や下足番、楼主などはもらえなかった。

◉―吉原だけに認められた「髪切り」と「桶伏せ」という私刑

吉原独特のしきたりのひとつに、客に対する私刑があった。

吉原では、馴染の遊女がいるのに、ほかの遊女屋の遊女のもとに通ってはいけないという不文律があった。そういう事態が発覚すると、馴染の遊女から浮気先の遊女に「彼は自分の馴染である」という書状を届けた。書状を受け取った浮気先の遊女から、男が来たという知らせを受け取ると、遊女付きの新造や若い衆が押し掛け、その男を馴染の遊女のもとに連れていく。そして、遊女の前に突き出された男を総出で取り巻き、詫びを言わせて、詫び金をむしり取り、髪を切った。男を裸にして女の

髪を切られ、女性の着物を着せさせられて遊女に詫びを入れている客（『青楼年中行事』）。入り口に立っているのが馴染の遊女。新造や仲間の遊女だけでなく遣手や引手茶屋の亭主、若い衆までが客を笑いものにしている。

襦袢を着せて笑いものにすることもあったという。そうした制裁を受けたあと、男はそのままの姿で吉原から追い出された。これは吉原だけに許された「髪切り」という私刑だった。

また、支払いの段になって金がないという客には「桶伏せ」という私刑を加えた。代金を支払えない客の上から、古い風呂桶を伏せて置き、道端にさらすのである。親族や友人が代金を弁償するまでそのままにしておき、食事は一椀の飯に塩を振りかけたものだけで、便所にも行かせなかった。ひどいときには、五、六日もそのままにしておくこともあったという。

ただし、桶伏せが行われたのは新吉原初期の頃までで、その後は無銭遊興の客は行灯部屋に軟禁することになった。行灯部屋は密閉された薄暗い部屋だったので、何日も閉じ込められるのは非常な苦痛だったという。

遊女の階級はどうなっていたのか？

太夫と格子と端と散茶

吉原には最盛期で六千人を超える遊女が所属していたが、遊女たちには格付け、階級があり、高級遊女から下級遊女までがいた。高級遊女といえば「花魁《おいらん》」というイメージがあるだろうが、花魁は高級遊女を総称して呼んだ呼び方で、正式な階級の名称ではない。なお、花魁は吉原独特の呼称であり、岡場所《おかばしょ》や宿場の遊女は、たとえ揚代が高くても花魁とは呼ばない。

遊女の階級は時代によって変遷がある。吉原が人形町《にんぎょうちょう》界隈にあった元吉原の頃、遊女には太夫《たゆう》、格《こう》子《し》、端《はし》という序列があった。太夫が最上位の遊女である。

当時の吉原には、幕府の評定所《ひょうじょうしょ》（司法機関）に遊女を給仕役として派遣するという義務が課されていた。派遣されるのは太夫クラスの高級遊女である。また、元吉原の時代は、客のほとんどが武士であり、なかには大名クラスの武士も客となっていた。そうした幕府高官を相手にするためにも、太夫には和歌や茶道、三味線、歌舞、書画など多彩な教養が必要となった。寛永《かんえい》年間（１６２４～１６４４年）には七十人以上の太夫が存在した。それだけ需要があったのである。しかし、江戸の中心部からはずれた新吉原に移ってからは太夫の数は徐々に減り、元禄《げんろく》年間（１６８８～１７０４）にはたっ

元禄期（1688 ～ 1704）の太夫と格子。

たの四人しかいなくなってしまった。

太夫に次ぐ第二位の遊女が、格子である。格子も太夫と同様、さまざまな教養を身に付けた高級遊女だった。端は、当時の最下級の遊女である。元吉原の末期には、端から局《つぼね》という階級があらわれた。局は格子の次の階級とされた。

新吉原に移って間もなく、町奉行の取り締まりにより江戸各地の岡場所《おかばしょ》で商売をしていた私娼が捕えられ、吉原に送り込まれた。彼女たちは「散茶《さんちゃ》」と呼ばれた。散茶は局と同格にランク付けされた。

同じ頃に局が「梅茶《うめちゃ》」「五寸《ごすん》局《つぼね》」「並局《なみつぼね》」に分かれ、局という階級はなくなった。また、お歯黒どぶの周囲に切見世《きりみせ》と呼ばれる下級の遊女屋が出現し、そこに所属する遊女を「切見世女郎」というようになり、端も消滅した。なお、上方にも遊女の階級はあり、最高位の遊女は吉原と同じく太夫だった。太夫の次が「天神《てんじん》」で、吉原の格子にあたる。その次が「囲《かこい》（鹿子位）」で、吉原の散茶である。

◉──太夫と格子がいなくなったあとの階級

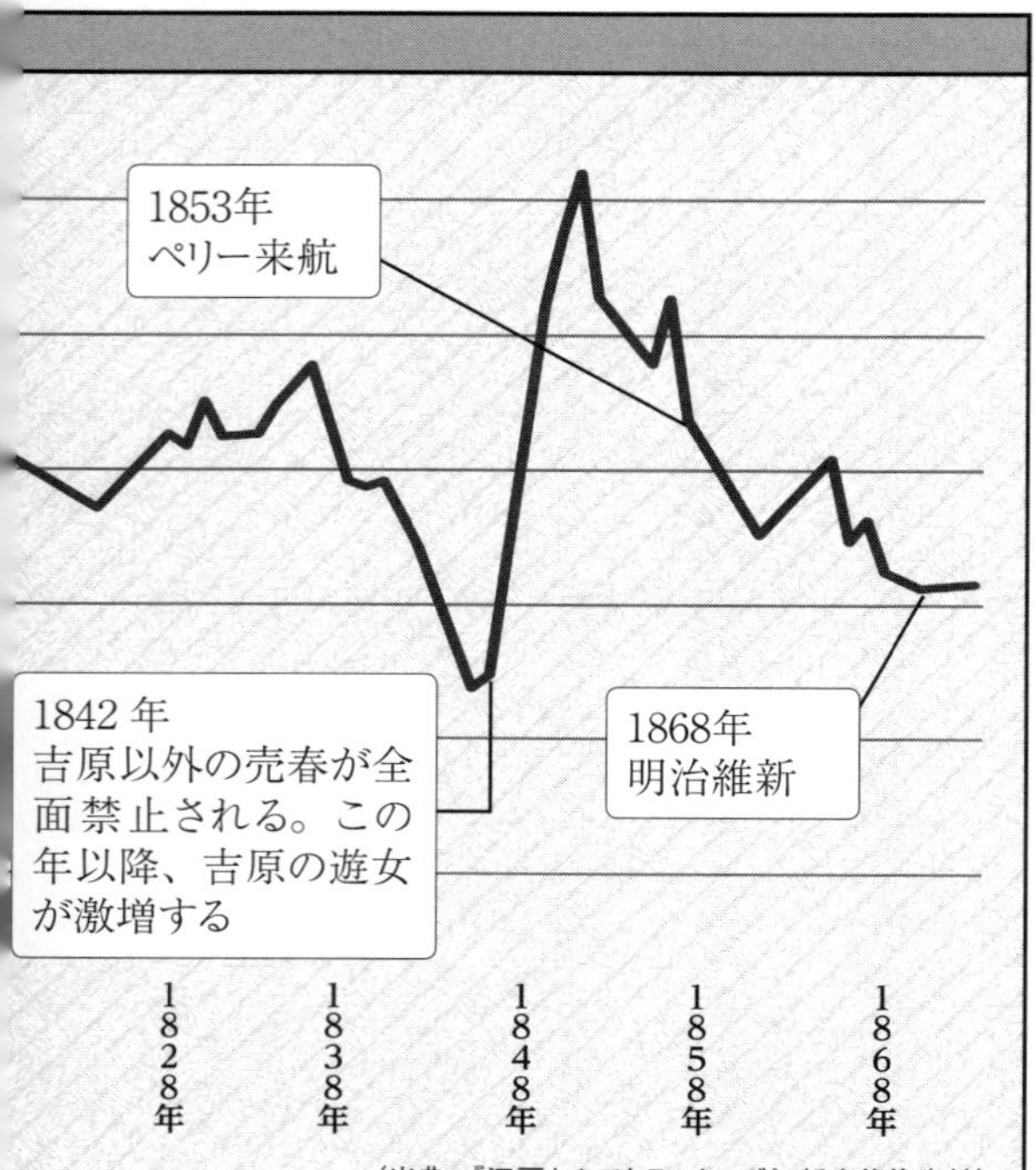

（出典：『江戸なんでもランキング』新人物往来社）

享保期《きょうほ》（１７１６～１７３６）になると江戸の経済も成熟し、町人が台頭するようになる。それにより、吉原の客層も変わった。それまでは高禄取りの武士や豪商など限られた商人が吉原の客だったが、町人が吉原の主役となったのである。

町人は経済が活性化すれば、商才と自分の頑張りがあれば裕福になれたが、武士はたとえ経済が発達しても給料は据え置きだったため、しだいに吉原から足が遠のいていったのである。

成金の町人は、高度な教養を身に

江戸時代の遊女の増減（1728年～1869年）

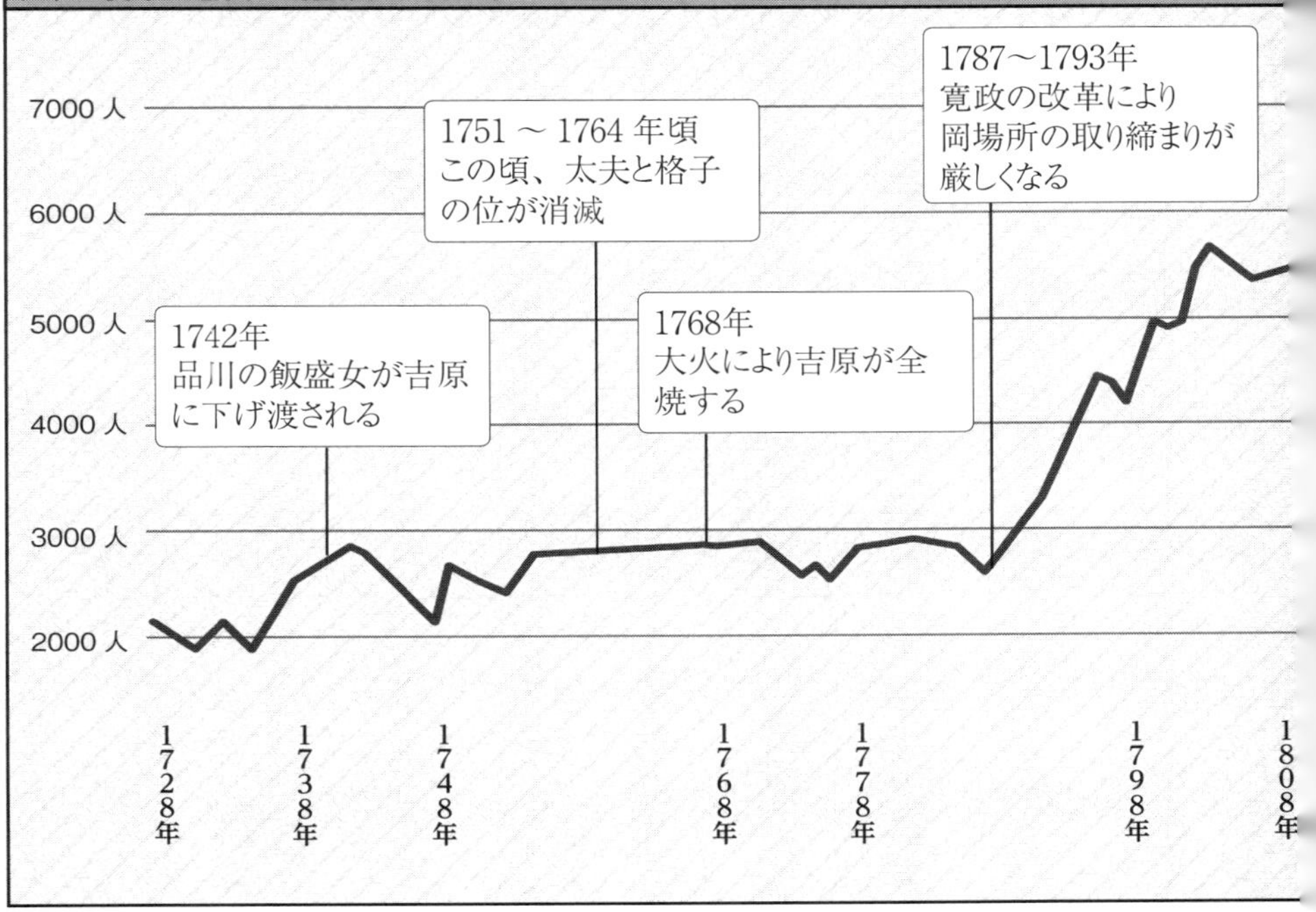

付けた太夫や格子とさしで遊んでも面白くない。それよりも散茶や局クラスの遊女を何人か呼んで、さらに芸者や幇間《ほうかん》を集めて、取り巻きと一緒に大騒ぎすることを好んだ。

　そのため、太夫や格子の需要はなくなり、格だけ上がって客がつかない遊女も出てくるようになった。さらに、この時期に吉原随一の遊女屋だった三浦屋が廃業してしまったこともあり、自然と太夫と格子は吉原から消えた。宝暦年間（1751～1764）の江戸町《えどちょう》一丁目の花紫《はなむらさき》という遊女が最後の太夫となり、同じ頃に清花《きよはな》、丁山《ちょうざん》という二人の遊女を最後に格子もいなくなった。

　太夫と格子がいなくなると、散茶が最高位の遊女となり、彼女たちが

遊女の階級と呼称の変遷

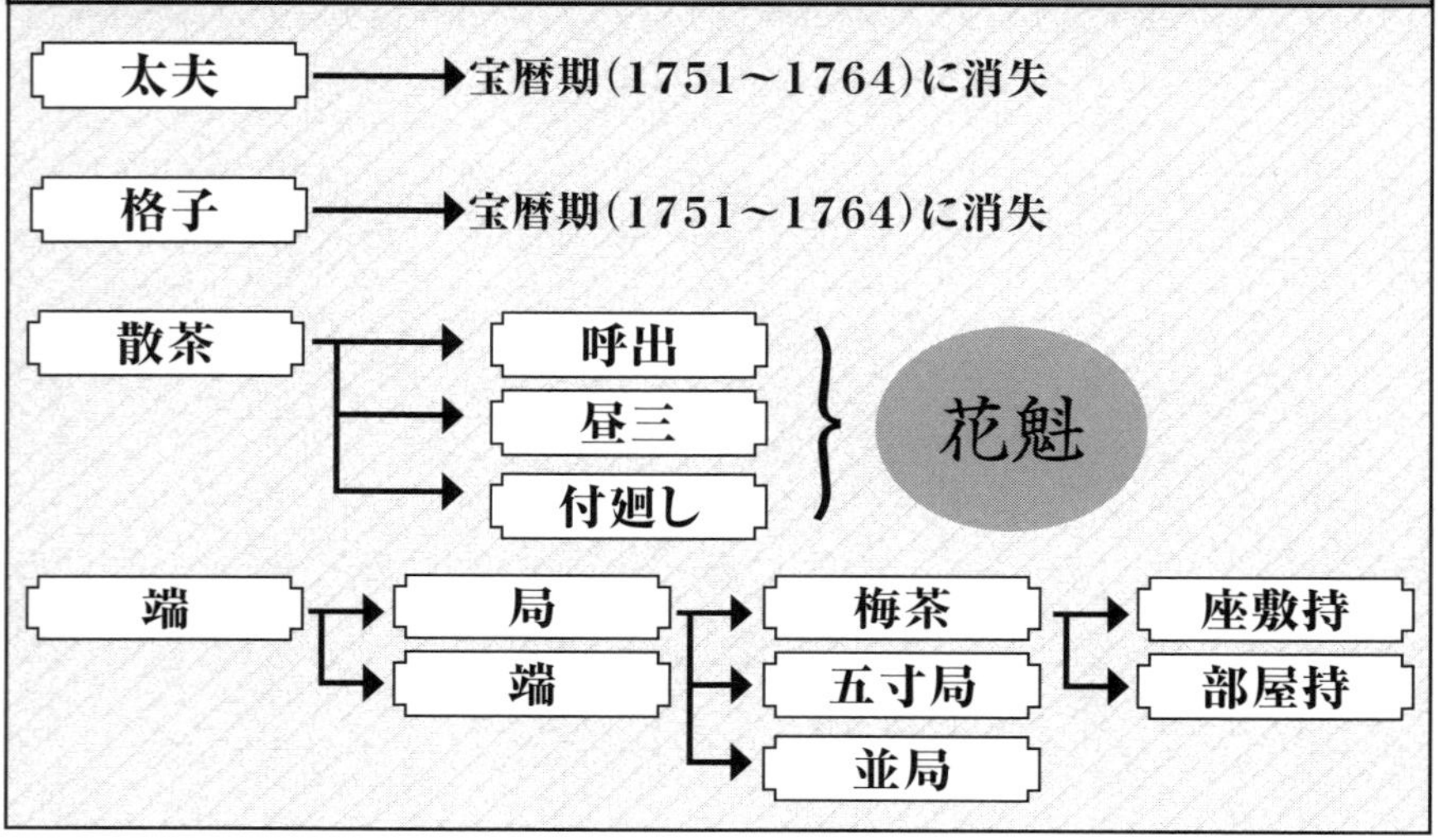

花魁と呼ばれるようになった。その後、散茶が呼《よび》出《だし》、昼三《ちゅうさん》、付廻《つけまわ》しに分かれた。この序列が幕末まで続いた。

呼出と昼三は張見世《はりみせ》（遊女屋で顔見世をして客をとること）をして客を待つことをせず、道中をして仲の町の引手茶屋《ひきてぢゃや》に出向き、そこで客と合流するなり顔見世を行った。道中をしたあとに引手茶屋で顔見世を行うことを「仲の町張り」というが、仲の町張りは呼出と昼三だけに認められた特権で、付廻しは道中を行わなかった。

局から分かれた梅茶はその後、座敷持《ざしきもち》と部屋持《へやもち》に分かれた。

座敷持は寝起きする個室のほかに客を迎えるための座敷を与えられた遊女で、付廻しの下である。部屋持は座敷を与えられない遊女で、座敷持の次の位となる。

普通、呼出と昼三を花魁と呼ぶが、部屋持までを花魁と称することもある。

仲の町張りをする高級遊女たち。引手茶屋まで道中を行ったあと、茶屋の軒先などに座って顔見世をした。（『青楼美人合姿鏡』）

COLUMN

吉原特有の言葉「ありんす言葉」

吉原には独特の言葉があったことは有名である。これを「廓言葉《さとことば》」、通称「ありんす言葉」という。遊女は日本全国から集められたため、各自がそれぞれの方言で話すと、話が通じないこともあった。そこで、吉原で共通の言葉がつくられたという。ありんす言葉は遊女だけが使うもので、ほかの奉公人は使わず、切見世の遊女も使用しないことが暗黙のルールであった。また、遊女屋によっても言い方が違い、たとえば「〜ありんす」の代わりに「〜おす」とか「〜ざんす」と言う店もあった。

遊女見習いの「禿」と「新造」

禿から新造へ

十歳未満で遊女屋へ売られてきた女の子は、「禿《かむろ》」と呼ばれた。頭髪を剃っていたため、こう呼称されたというが、髪の毛が伸びたあとも禿といわれた。禿は、台所など遊女屋内の雑用をこなしながら、のちに遊女になる身であるため、礼儀作法を教え込まれた。その後、呼出《よびだし》や昼三《ちゅうさん》などの高級遊女のお付きとなって、遊女の食事の給仕や煙草の吸いつけなどをしながら、遊女としての教育を受けた。お付きの遊女のことを「姉女郎《あねじょろう》」という。衣装代や食事代は姉女郎が支払ってくれた。花魁道中《おいらんどうちゅう》にも付き添い、宴席にも顔を出すが、酌をすることはないし、もちろん客は取らない。

禿のなかでも、将来性が見込める女の子を「引っ込み禿」といい、他の禿のように姉女郎には付かず、楼主《ろうしゅ》の元で英才教育を施された。

十三～十六歳になった禿は、今度は新造《しんぞ》という階級に上がる。新造になることを「新造出」といい、新造出の十日ほど前に姉女郎の常連客七人からお歯黒をもらい、そば切を別の遊女屋や引手茶屋《ひきてぢゃや》などにふるまった。また、着物、反物を新調し、扇や手ぬぐいなどの道具も用意した。これらの費用は、すべて姉女郎が負担することになっていた。新造出の当日は、遊女屋の若《わか》い衆《し》が先導し、新調した着

禿と新造を引き連れて道中をする高級遊女。一番右の遊女の陰に隠れているのが禿、右から四番目の背が小さいのが新造である。（『新美人合自筆鏡』）

物を着た新造を姉女郎が連れて仲の町を歩いて新造の顔見世をしながら、各所にあいさつ回りを行った。

新造には振袖新造《ふりそでしんぞ》、留袖新造《とめそでしんぞ》、番頭新造《ばんとうしんぞ》の三つがあり、振袖新造は略して「ふりしん」とも呼ばれた。振袖新造は、なったばかりの新造で、自分の部屋を持っていない。ただし、とくに有望な振袖新造の場合、遊女屋によっては部屋持になることもあった。

その後、姉女郎の費用持ちで元服し、袖を留めるようになり、留袖新造となった。留袖新造は部屋持か座敷持である。だいたい十七～十八歳くらいである。

新造のまま二十八歳になり、年季が明けても行き場のない遊女が番頭新造になった。番頭新造は、高級遊女につき、遊女のマネージャーのような仕事をした。番頭新造を経て、遣手《やりて》になる女性も多かった。

吉原のガイドブック『吉原細見』とは？

◉——吉原に行くときの必需品

吉原には、最盛期には六千人を超える遊女がいた。そこで登場したのが、『吉原細見《さいけん》』という吉原の案内書である。『吉原細見』には遊女屋の名前と、それがどの町にあるのか、その遊女屋にはどのような遊女がいるのか、遊女の揚代《あげだい》はいくらか、といった情報が詰め込まれている。吉原で遊ぶには欠かせない本であり、このおかげで初めて吉原に行く人も吉原で迷うことはなかった。

『吉原細見』では、まず見世の格を調べるが、次のように印がついていた。

■　大見世《おおみせ》
▲◐　中見世《ちゅうみせ》
◐　小見世《こみせ》

遊女の階級の印は次の通りだ。

∧∧　高級遊女。山形という。
∧　部屋持《へやもち》。山形よりも安い。

山形の下に●（星といった）が二つ付くと「新造《しんぞ》付きの呼出《よびだし》」、星一つなら「昼三《ちゅうさん》」で、山形の下に星がないのは、昼三より格下の「座敷持《ざしきもち》」を意味した。星印は●のほかに○や▲もあり、それぞれ見世の格を表している。

遊女名の上に何の印もついていないのは「振袖新造《ふりそでしんぞ》」である。

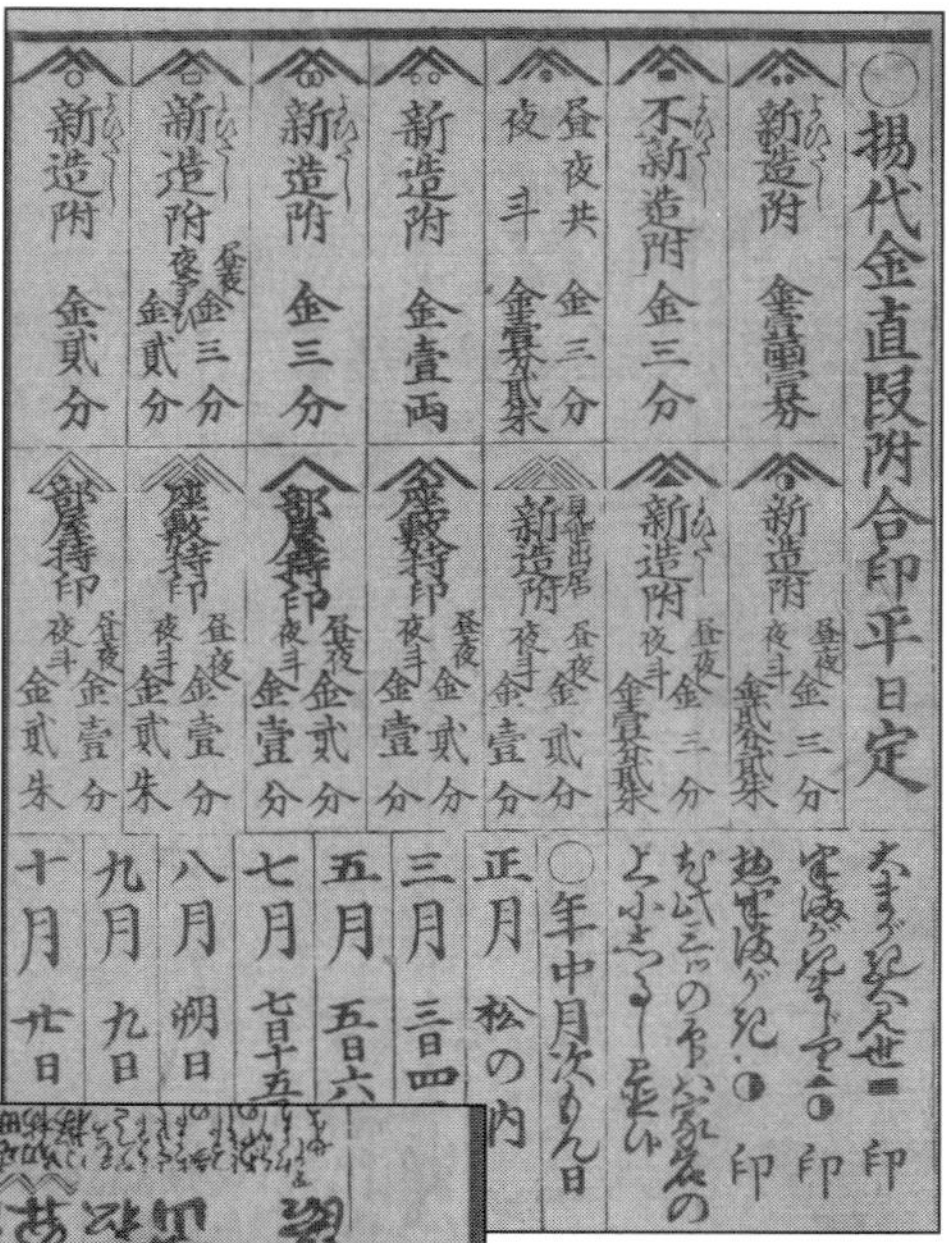

▶遊女の階級・見世別の揚代（あげだい）が一目でわかるようになっている。下段には見世の格式の印が書かれている。その隣の欄の「年中月次もん日」は月ごとの紋日を記してある。紋日は揚代が二倍になる日である。

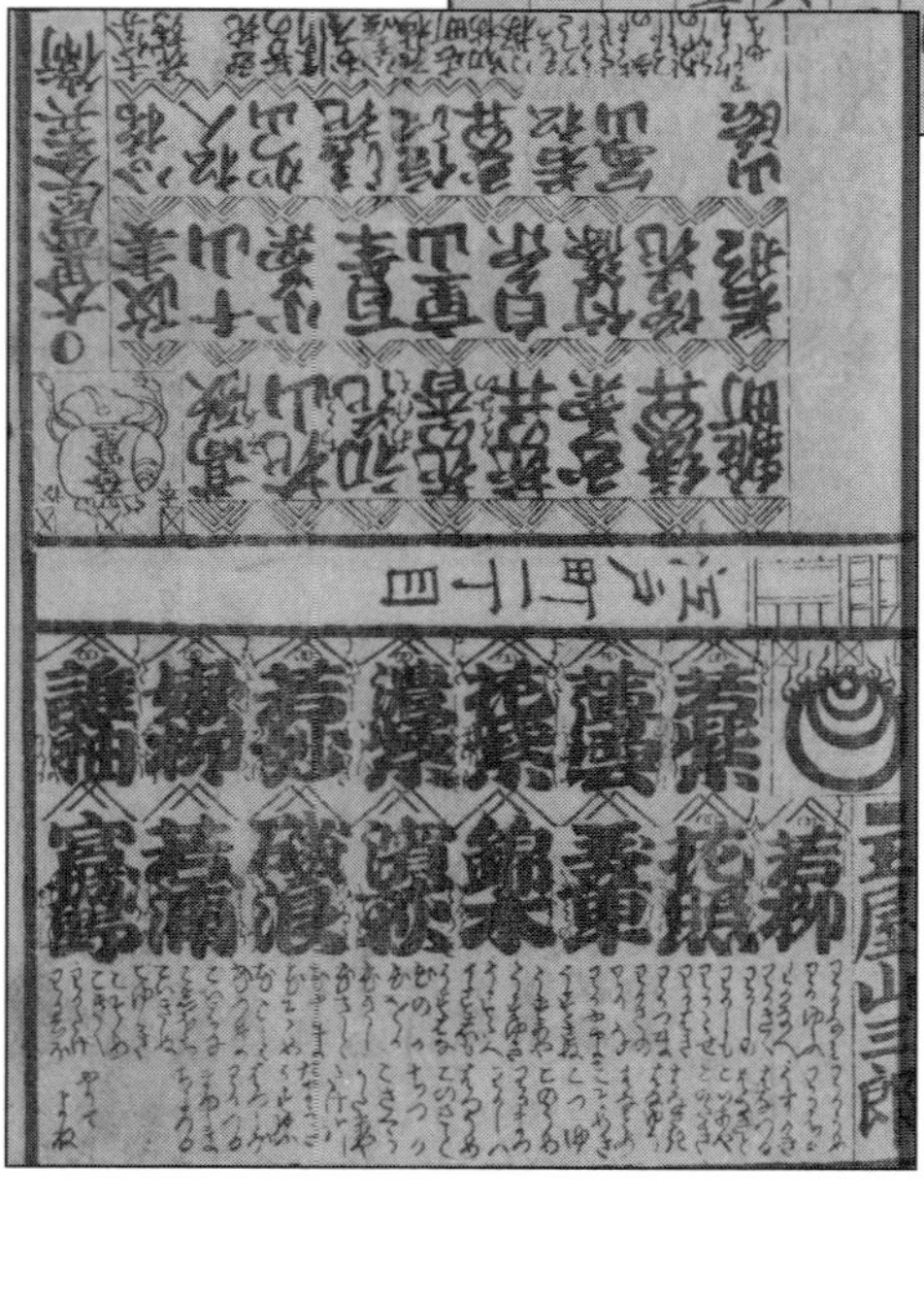

◀江戸町一丁目の遊女屋、「玉屋」と「大黒屋」の掲載ページ。玉屋の上部には■が付いており、玉屋が大見世であることがわかる。「大黒屋」は◑なので「小見世」である。玉屋は大見世だけあって、高級遊女ばかりだが、大黒屋には部屋持や振袖新造もいる。

吉原で遊ぶにはいくらかかったか？

最上級の遊女は現代価格で十万円以上

遊女の値段のことを「揚代《あげだい》」という。遊女の階級が高くなれば、それだけ揚代も高くなる。また、遊女屋の格によっても値段は変わる。

江戸時代後期の1826年（文政《ぶんせい》9）の『吉原細見《さいけん》』によると、一般に当時の遊女最高位「呼出昼《よびだしちゅう》三《さん》」は、下級遊女である「振袖新造《ふりそでしんぞ》」を付き従えて、金一両一分だったという。

呼出昼三に次ぐ階級の「昼三」は、昼夜ともにして金三分、夜だけだと金一分二朱だった。

昼三に続く「座敷持《ざしきもち》」は、昼夜で金二分、夜だけで金一分。

座敷持の下の「部屋持《へやもち》」は、昼夜で金一分、夜だけで金二朱。

呼出し昼三から部屋持までの階級に属する者が、上級遊女として「花魁《おいらん》」と呼ばれた。

遊女の揚代が現代のいくらに相当するのかを換算するのは、当時の貨幣制度が大変複雑だったこともあって難しい。おおまかな目安として、一両はだいたい現代の十万円とするのが相場である。文化文政期の貨幣の換算率としては「一両＝四分」で、「一分＝四朱」であった。

すると、振袖新造付きの呼出昼三の揚代である一両一分とは、現代の十二万五千円くらいになる。

江戸時代の貨幣の換算

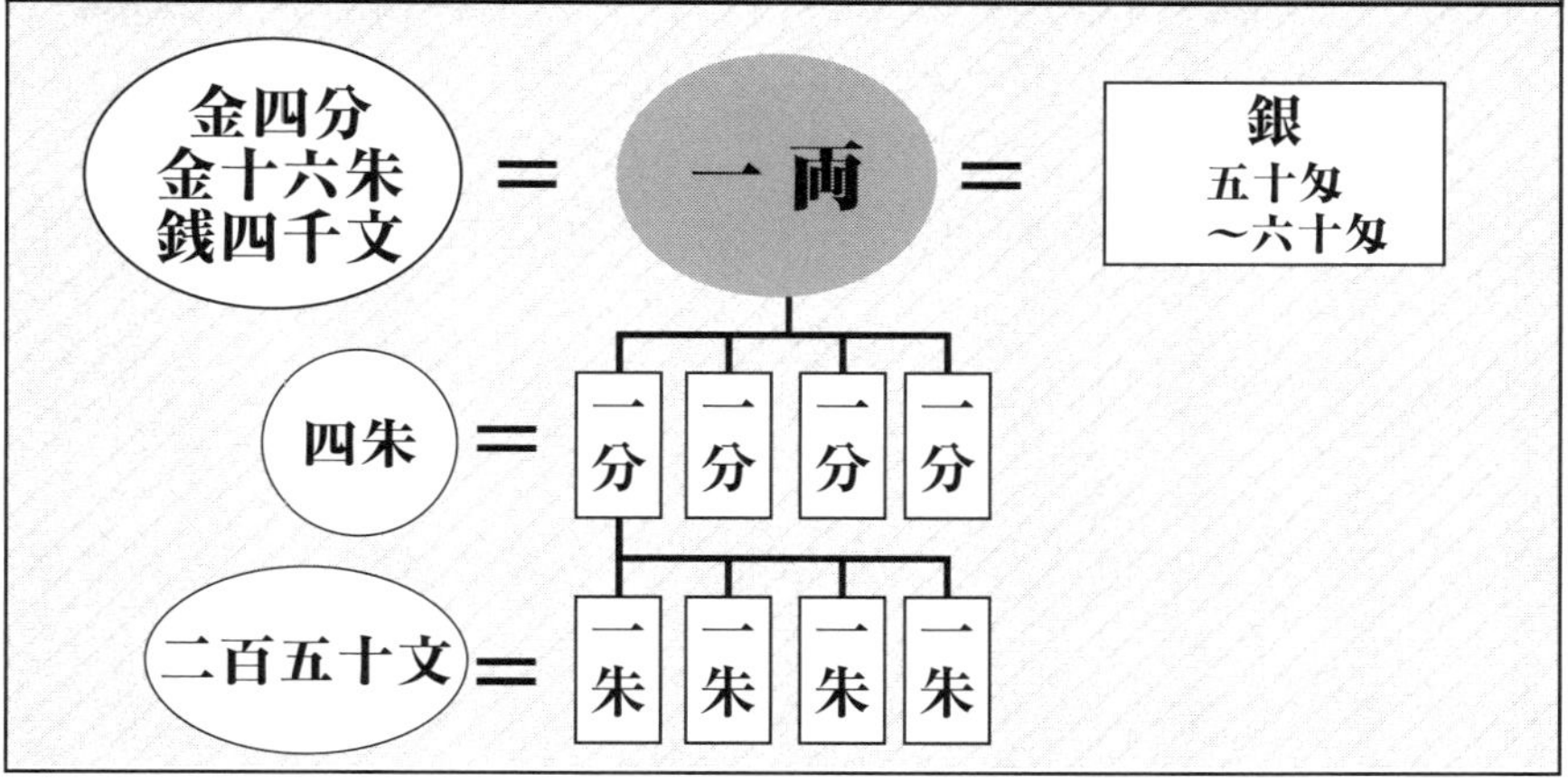

昼三の三分であれば、七万五千円である。しかし、これはあくまで遊女の揚代のみの料金である。吉原で、遊女以外の者を誰一人として介さず、何ら飲み食いすることもなしに遊ぶことは不可能だった（切見世《きりみせ》を除く）。酒や料理を運ばせ、芸者や幇間《ほうかん》たちを侍らせれば、その分の料金が加算される。遊女屋の奉公人にも祝儀をはずまなければならない。そして、遊女もまた揚代のほかに祝儀をねだる。遊女は最低限の衣食住こそ保証されていても、自分の自由になるお金は、客からの祝儀に頼らざるを得なかったからである。これらひと通りの面倒を見るとなると、相当の散財を覚悟しなければ、吉原遊びはできなかったといえるだろう。

ちなみに、花魁の値段をピンとすれば、莚《むしろ》一枚を持って道端で客を誘った街娼の「夜鷹《よたか》」の値段はキリといえよう。それはそば一杯の値段と同じ二十四文といわれた。幕末の公定相場「一両＝六千五百文」で計算すると、呼出昼三の揚代の一両一分は、なんと夜鷹の約三百四十倍にもなるのだ。

吉原の花「花魁道中」とは?

◉──揚屋までの道のりだった「花魁道中」

元吉原の時代および新吉原の初期では、高級遊女は「揚屋《あげや》」という店に出向いて客を接待した。吉原で遊ぶ客は揚屋に落ち着き、そこに花魁《おいらん》を招いたのだ。

呼ばれた花魁は、美しい衣装を身にまとい、遊女屋の雇い人など多くの供を従えて、華やかに揚屋までの道のりを行進した。これが「花魁道中《おいらんどうちゅう》」(または、単に「道中」ともいう)のはじまりである。「太夫《たゆう》」や「格子《こうし》」と称された才色兼備の花魁が全盛の時代で、花魁遊びの格式は高かった。

揚屋へあがった客は、まずそこで酒宴を開いて揚屋の奉公人たちに適当な額の祝儀をくばる。祝儀が少ないと野暮といわれ、逆に多すぎても野暮と揶揄された。そして、馴染みの遊女を呼ぶには、揚屋の主人に依頼する。揚屋の主人は遊女屋に、差紙《さしがみ》という形式張った手紙を送る。若《わか》い衆《し》が揚屋と遊女屋の間を何度も往復して花魁の都合などをうかがい調整したのち、華やかに着飾った遊女が、遊女屋の下級遊女や奉公人たちを引き連れて、定紋の入った専用の煙草盆など道具一式を持って行列してやってきたのである。

花魁道中というと派手に着飾った遊女たちの行進というイメージがあるが、新吉原の時代までの花

新吉原初期の道中。1706 年（宝永 3）刊行の『傾城武道桜』の挿絵の一部。遊女は下駄を履いていない。

魁道中は決して派手なものではなかった。もちろん美しく着飾ったが、あくまで揚屋に行くことが目的であり、わざとゆっくり歩くということもなかった。履物も、後期のように高い下駄ではなく草履であったという。

◉——江戸時代後期からの道中

新吉原の時代になると、散在していた揚屋が一カ所に集まり、これが揚屋町となった。

しばらくは元吉原の時代からの揚屋制度と花魁道中が続いていたが、やがて、吉原の大衆化が進んだことで揚屋がすたれていき、太夫や格子といった花魁の称号もなくなる宝暦期《ほうれき》（１７５１〜１７６４年）に入ると、花魁道中は一種のパレードとしての意味合いのほうが濃くなった。

ひとりの客が待つ揚屋に行くためではなく、むしろ多くの見物客を満足させるための道中となったため、花魁の衣装などは元吉原の時代にも増して贅が尽くされ、豪華絢爛な一大行列の有様は、その後の吉原風俗を代表するものとなった。

花魁道中をするのは、当時の遊女の最高位である「呼出昼三《よびだしちゅうさん》」である。

当時の花魁道中は、灯りをともす頃からはじまった。仲の町の引手茶屋《ひきてぢゃや》まで来たところで、花魁はおもむろにその店先で腰を下ろす。そして、馴染みの客を待つ風情で悠然と長煙管の煙草をのんだ。これを「仲の町待ち」、あるいは「仲の町張り」といった。

●──「花魁道中」の歩き方

華やかな花魁道中の主役を務める花魁は、高さが五～六寸(約十五～十八センチメートル)もある黒塗り畳付きの高下駄を履いた。そして、定紋入りの箱提灯に先導されながら、「外八文字」という吉原独特の歩き方で、ゆるやかに格調高く行進した。

もともと、京都島原《しまばら》の遊廓では「内八文字」という歩き方があり、吉原でもこれに倣《なら》った歩き方をしていた。しかし、元吉原の末期に名をはせた勝山《かつやま》という遊女が、内八文字より凛々しい外八文字と呼ばれる歩き方をしてから、吉原ではそれが定番となったのである。

花魁の衣装は、襟や袖、裾などの布だけを重ねて、一枚の着物が重ね着のように見える「比翼仕立て」になっていたものの、仕掛け(打ち掛け)は三枚重ねで、豪華な錦の帯や多くの装飾品を身につけると、かなりの重量になる。そこで、美しい外八文字を踏むとなると相当の稽古が必要であった。

花魁道中で下駄を転がすのは大変な恥とされていたため、遊女たちは振袖新造の頃から格上の花魁の指導を仰ぎ、日々地道な稽古を積んでいた。

江戸時代後期の「花魁道中」の様子。一人の花魁に対し、新造や禿、遣手、若い衆など多くの供の者が従っている。花魁は独特の歩き方でゆっくり、華麗に仲の町を歩いていった。

遊女になるまでの道のり

水揚げと突出し

幼い頃に身売りされた女性は、遊女としてデビューするまで遊女屋で育てられた。すでに述べたように、幼い女の子は禿《かむろ》として高級遊女のもとで教育され、だいたい十三～十四歳くらいで新造《しんぞ》（遊女見習い）となる。この段階では、まだ客を取らないのが普通だった。

時期は千差万別であるが、やがて「水揚《みずあ》げ」という儀式が行われる。これは、女性の初体験のことをいい、遊女屋はかなり気を遣ってこの儀式に臨んだ。これから遊女として稼いでもらうためにも、初体験でトラウマを抱えてしまったり、嫌悪感を抱いてもらっては困るからだ。

『正写相生源氏《しょううつしあいおいげんじ》』（1851年刊行）という春本に、「四十以上の者はたとえ勃起《おこ》っても何処《どこ》か和《やわ》らかで、ふうわりとするだろう。其《その》うえ、お前、場数巧者でなかなか雛妓《しんぞ》を傷めるようなことはしねえサ」というくだりがある。ようするに、経験豊かな四十歳以上の馴染み客に、新造の水揚げを頼んだのである。若い男だと、未発達な性器に傷をつけてしまうことにもなりかねず、そうなればしばらく客を取れないことになるからである。

水揚げが済むと、次は「突出《つきだ》し」である。突出しは、新造がはじめて客を取って、遊女として独り

新造の突出しの様子（『吉原年中行事』）。前を歩く四人の遊女が新造。その後ろ、二人の禿に挟まれて歩くのが姉女郎である。

立ちすることをいう。突出しの際には、盛大なお披露目を行った。遊女屋によって違ってくるが、狂歌師として著名な大田南畝《おおたなんぽ》の『松楼私語《しょうろうしご》』という浮世草子に、当時の松葉屋《まつばや》の突出し儀式に関する記事が載っている。大田南畝は、1786年（天明《てんめい》6）に松葉屋の三保崎《みほざき》という遊女を身請けしているので、彼女から松葉屋のことをいろいろ聞いたようだ。松葉屋では、突出しの日に紋所をつけた金銀の扇や、盃を配り、各所に挨拶回りを行った。その挨拶回りには若《わか》い衆《し》が数人同行するが、彼らに一分の祝儀をやらなければならなかった。さらに、強飯《こわめし》（赤飯のこと）を炊いて吉原中に配り、引手茶屋《ひきてぢゃや》に蒸籠《せいろ》を贈った。

こうしてデビューを果たすわけだが、ここからが年季のはじまりであった。つまり、突出し以前は年季に含まれないので、幼くして売られてきた女性は、十年以上、長い女性になると二十年以上もの間、廓内での生活を余儀なくされたのである。

遊女の年季と身請け

◉ようやく苦界から逃れる遊女たち

吉原の遊女は、原則として「年季十年、二十七歳まで」という決めごとがあったが、生活費やら行事ごとで出費がかさみ、新たな借金を背負うことも多く、そのために年季明け後も吉原に残って働くこともあった。また、年季の十年は、働き出してからという意味なので、禿《かむろ》の頃から吉原にいる女性は、十年以上の長い年月を吉原で過ごすことになった。

年季が明けた遊女たちは、世間から差別されることはなかったので、吉原を出て市井に暮らす者もいた。「吉原の出身だから、さすがに色っぽい」などと羨望のまなざしで見られることもあった。しかし、結婚相手が見つからずに、切見世《きりみせ》や岡場所《おかばしょ》などに流れていく遊女もおり、年季明けの遊女の人生も悲喜こもごもだった。

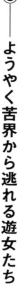

年季が明ける前に吉原から抜け出す方法として、「身請《みう》け」があった。「根曳《ねび》き」「落籍《らくせき》」ともいい、客が遊女の年季証文を買い取り、遊女の身柄を引き取ることをいう。もちろん、遊女の位が高ければ、その分、金がかかる。

身請けには莫大な金がかかった。年季の残額以外にも、楼主《ろうしゅ》の言い値で身請けの金が決まったし、

遊女の一生

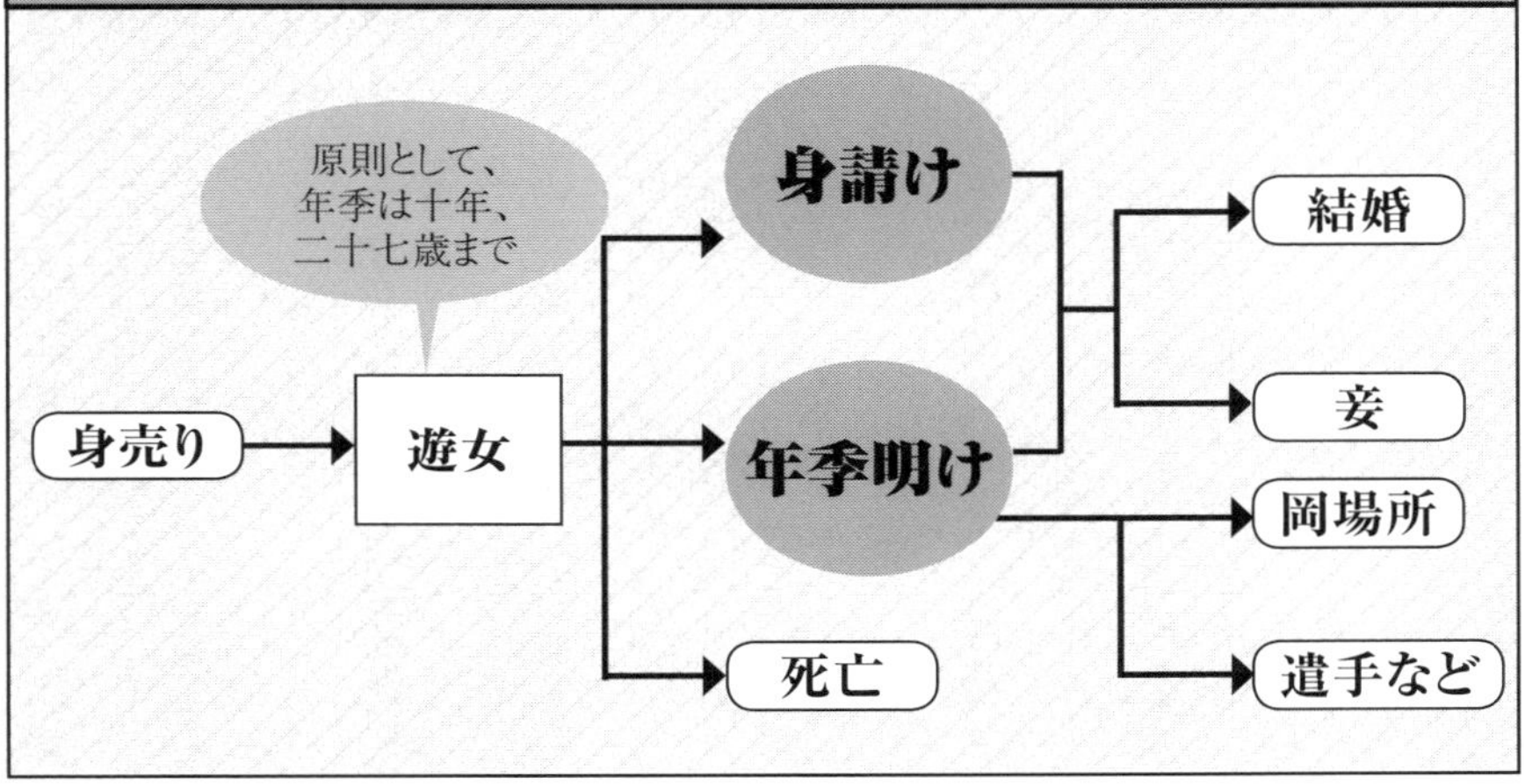

引祝いという祝儀などを負担しなければならない場合もあった。

1700年（元禄《げんろく》13）に、三浦屋の薄雲《うすぐも》が身請けされたときの値段は、三百五十両（大雑把にいうと、だいたい三千五百万円くらい）であった。その身請け契約によると、衣類や布団、手道具、長持などの調度品を、楼主が薄雲に与えている。これでもかなり高額な身請け金だが、1775年（安永《あんえい》4）に身請けされた松葉屋《まつばや》の瀬川《せがわ》は、なんと千四百両（だいたい一億四千万円くらい）というとんでもない金額だった。瀬川を身請けしたのは、江戸で高利貸しを営んでいた烏山検《からすやまけん》校《ぎょう》という男だった。瀬川の例は極端だが、身請けするには多額の金が必要だったのである。

身請けされて吉原を出ていく際に、特別な儀式はなかった。そのため、吉原を引き払うときの対応もまちまちだった。関係各所や仲間の遊女たちに赤飯をふるまうなど最後の別れをする遊女もいる一方で、なんの挨拶もなく出ていく遊女もいたという。

男を惑わした遊女の手練手管

フノリを使って客を興奮させる

売れっ子の遊女になると、毎日複数の男性を相手にしなければならない。すべての客を満足させて、馴染になってもらうためには、それなりの技術が必要となる。

売れっ子の遊女は「一に顔、二に床、三に手」という条件をおさえていたといわれる。つまり、器量がよく、床上手で、客を上手に操る手練手管をもっているということである。

まず性の技巧として、「感じるのは遊女の恥」という言葉がある。多くの客を相手にする遊女にとって、その都度感じていては身が持たない。しかし、遊女が無反応では、客が満足しない。そのため遊女は、感じているふりをする技術をもっていた。

そのひとつに、フノリを使う方法があった。フノリを煮て溶かしたものを客に気づかれないように陰部に塗り、客の愛撫で陰部が潤ったように見せかけたのである。また、湯で戻した高野豆腐を膣内に入れるという方法があった。高野豆腐は湯で戻してもすぐに収縮するので、それで男根を締め付け、男の射精を早めたのだという。

もちろん嬌声をあげて客を興奮させるのも忘れなかった。

指を切って真心を示す

床の上でのテクニックのほかに、客の心をつなぎとめるための方策もある。

たとえば、「切指《きりゆび》」といわれる方法だ。これは、文字通り指を切り落として、その指を客の男に与えるのである。「それほどあなたを愛しています」という真心を示すもので、遊女から指をもらった男は、その心意気に感動したという。

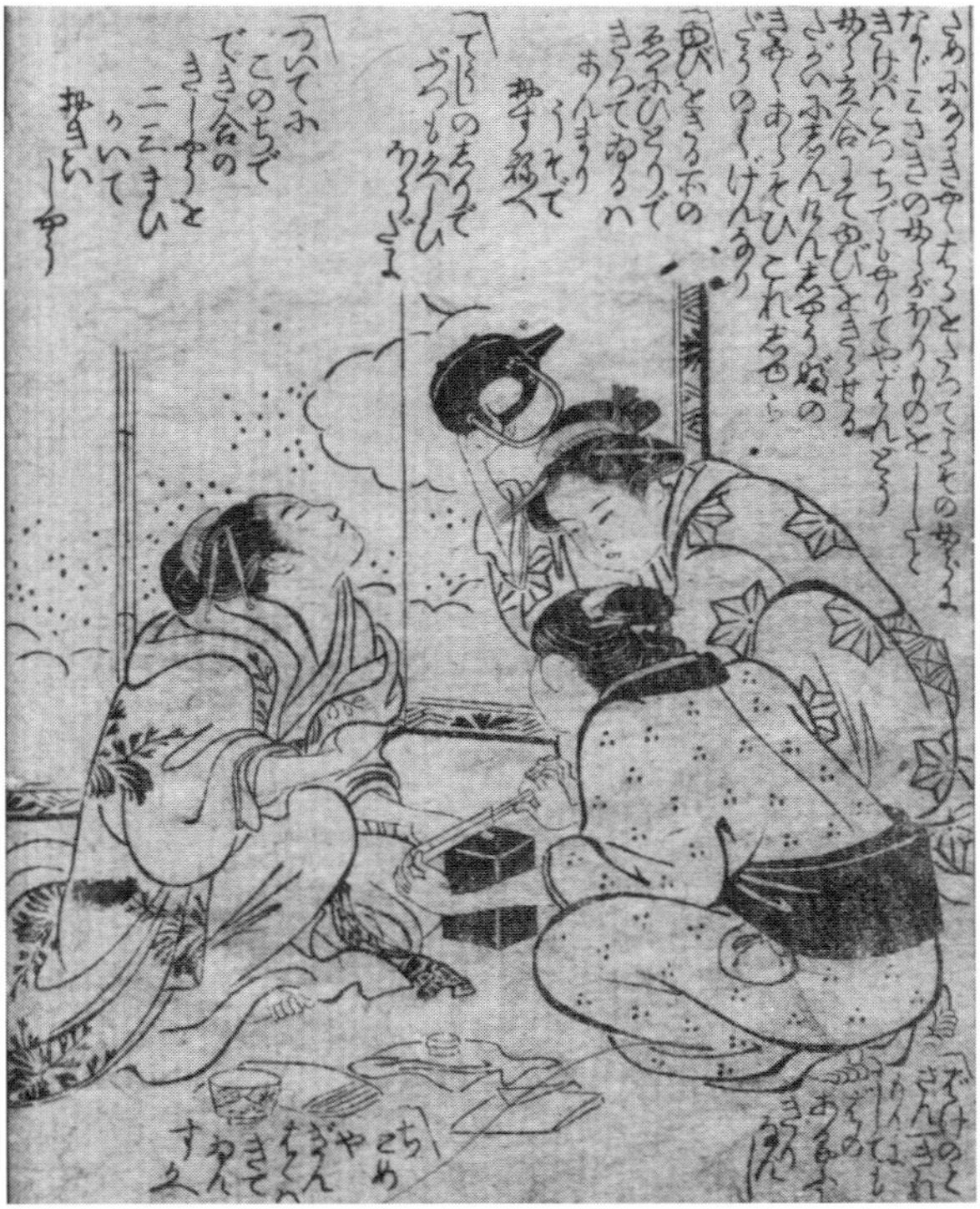
切指をする遊女。刃物を押さえているのは遣手で、急須を振り上げているのは番頭新造と思われる。（『九替十年色地獄』）

切指をする場合は、切り落とした拍子に指が飛んでいかないように、あらかじめ障子や襖はしめておく。

指を切ればひどく出血するため、なかには気絶する遊女もいた。そのため、気付け薬や血止めの薬、包帯なども用意しておいた。

指を切断するときは、指を木枕の上に置いて刃物（たいていは剃刀《かみそり》を使った）をあて、そこに鉄製の急須などを振り下ろした。しかし、指1本を切ってしまうと不都合が生じるので、その後は指を切断するのではなく、表面を薄くそぐという方法に変わったという。

切指は、遣手《やりて》や新造《しんぞ》、仲間の遊女などに手伝ってもらうこともあったが、多くは客の前で行った。たいていの場合は、いざ指を切ろうとすると、客のほうが「心底見えた」と言って、切指をやめさせたという。

遊女のなかには、近くの小塚原《こづかはら》刑場の関係者に頼んで死人の指を調達したり、蝋細工でつくられた指を小間物屋から購入したりする者もいたという。

◉――自分の体を傷つけて愛情を示す

手練手管の方法としてよく利用されたのが「誓詞《せいし》」である。これは、ある約束や契約を神仏に誓うことである。違反した場合は罰を受けてもよいと書き添え、二人の血判を押した。神罰が信じられていた時代なので、男のほうも血書した誓詞をつくることで満足したのである。ちなみに、遊女は年季明けまで誓詞七十五枚までなら神仏の許しを得られるとされていた。

誓詞とともに盛んに行われたのが「断髪」である。文字通り、髪を切ることだ。男に髪を切らせるのが正式な方法で、切った髪は男に与える。

右から二番目の遊女の入墨を消している。入墨を消しているのは遣手か番頭新造と思われる。遊女は花札に興じながら入墨を消させており、入墨が日常的なものであったことをうかがわせる。(『風俗三国志』)

「入墨」もよく使われた方法だった。「掘入《ほりいれ》」「入黒子《いればくろ》」「起請彫《きしょうぼり》」ともいった。馴染みの客の名前を、針で二の腕に掘り入れる。このとき、男に自分の名前を書かせて、その筆跡をなぞりながら掘り入れるのが正式とされた。「○○命」のように、男の名前の下に〝命〟を付け加えるのが普通だった。

「いい施主がついて命を火葬にし」という川柳があるように、新しい馴染みができた場合は、入墨を消した。これを「火葬」といった。火葬をするときは、入墨を入れたところをお灸で焼き消す方法が取られた。

そのほかに爪をはぐ「放爪《ほうそう》」、腕や股《もも》を刀の刃先で貫く「貫肉《かんにく》」という方法で、自分の愛情を男に示すことがあった。貫肉は男色関係にあった二人がすることで有名だが、遊女もまれに行ったという。

吉原の火事と仮営業

◉──仮宅営業での楼主と遊女

「火事と喧嘩《けんか》は江戸の花」という言葉があるように、江戸は火災の多い町だった。当然、吉原でも多くの火事が起こった。それも、ボヤ程度のものではなく、吉原全焼という大火事が頻出している。新吉原に移って以降、１６７６年（延宝《えんぽう》４）から１８６６年（慶応《けいおう》２）までの間に、二十二回も全焼している。火事の原因は廓内の失火も多かったが、遊女による放火もあった。全焼しなかった火事も含めれば、その数は把握できないほどである。江戸時代、放火は大罪で、たとえボヤでも死刑が当たり前だったが、吉原が全焼するほどの放火でも、遊女は流罪に減刑されることが多かった。遊女が置かれた身の上に同情して情状酌量されたのである。

吉原が全焼すると、遊女屋は仮宅《かりたく》での営業が許可された。仮宅とは、遊女屋が吉原以外の場所で営業することだ。たいていは吉原近辺の浅草、本所《ほんじょ》、深川《ふかがわ》などが仮宅の場所となった。１７６８年（明《めい》和《わ》５）から１８５５年（安政《あんせい》２）の間の史料を見てみると、仮宅営業は四千五百日もあり、全日数の約十五パーセントを仮宅で営業していた計算になる。

仮宅営業になると、吉原にあったような豪華な造りは望めず、接客も質素なものになった。格式ば

仮宅営業の宣伝うちわ。（『仮宅之図団扇絵』）

った営業は行われず、その分、揚代《あげだい》や祝儀金も安くなった。仮宅営業では、廓内の申し合わせ規約に従わなくてもよく、遊女は見世も張らないし、茶屋への呼び出しもない。そのため、これまで吉原に行くことができなかった客も足を運び、仮宅周辺はつめかける客で賑わった。仮宅で稼ぎ、経営が持ち直した遊女屋もあったという。経営難に陥っている楼主《ろうしゅ》のなかには、火事を喜び、全焼を願い、消火をせずに仮宅の借り受けに奔走している者もいたという。また、全焼でなければ仮宅は許可されなかったから、大火事が発生すると、楼主がわざと全焼させたなどという話も残っている。

一方、遊女のほうも、仮宅の営業中は自由に外出できたので、火事を心待ちにしていた者もいた。

とはいえ、仮宅営業になると呼出《よびだし》や昼三《ちゅうさん》といった高級遊女たちも個室での営業はできず、客も選べず酷使されることもあった。そのため、高級遊女ほど仮宅を嫌がり、吉原へ帰りたがったという。

伝説の遊女たち

◉——歴史に名を残した名妓

†高尾

遊女のなかには、優れた先輩遊女の名跡を受け継ぐ者もいた。吉原で有名な名跡として、高尾《たかお》が挙げられる。高尾の名は代々襲名されたが、当時は遊廓について体系立てて書かれた史料がないので、何代続いたのかはっきりしない。『異本洞房語園《いほんどうぼうごえん》』では七代、『はちす花』では九代、『近世奇跡考』と『京山高尾考』では十一代となっている。

このなかで、もっとも有名なのが、『異本洞房語園』にある、二代目の仙台高尾であり、一般に高尾といえば仙台高尾のことをいう。仙台六十二万余石の藩主・伊達綱宗《だてつなむね》（１６４０～１７１１）に身請けされたため、こう呼ばれている。高尾を抱える三浦屋は、身請けの代金として高尾の体重と同じ重さの小判を要求し、綱宗は莫大な金を積んで、高尾を身請けした。しかし、船で帰郷中、高尾に情人がいることを知った綱宗は激怒し、高尾を吊るし斬りにしたといわれている。ただ、『京山高尾考』では、三浦屋主人の別宅で養生しているうちに病没したといい、また、隠居した綱宗とともに天寿を全うしたとする説もある。

高尾の墓は、東京の春慶院《しゅんけいいん》、西方寺《さいほうじ》、埼玉の永源寺《えいげんじ》、塩原の妙雲寺《みょううんじ》などいたるところにあり、没後百年以上たっても、高尾と綱宗の話が歌舞伎で上演されるなど、高尾の人気は江戸時代を通じて衰えることはなかった。

†夕霧

夕霧《ゆうぎり》は大坂新町《しんまち》遊廓の遊女屋・扇屋《おうぎや》お抱えの太夫《たゆう》で、本名を照《てる》といった。１６７２年（寛文《かんぶん》12）に島原《しまばら》から移ってきたとき、すでに有名だった夕霧をひと目見ようと、黒山の人だかりとなったといわれる。夕霧は容姿端麗で才気煥発、礼儀正しく、尊大なところがなく誰に対しても分け隔てなく接した。自ら宴席を盛り上げ、妻子のある男や金銭的に余裕のない客には散財をたしなめるなど、気配りができる遊女だったため人気を得た。

　あまりに人気になりすぎて、一度にたくさんの客から指名を受けることも多くなった。そこで夕霧は、彼女自身で鹿子位《かこい》（天神《てんじん》の下にあたる階級の遊女）の遊女を揚げ、指名が重なったときにはその鹿子位を揚屋《あげや》に行かせて座

高尾を描いた浮世絵。実際の高尾ではなく想像で描いたもの。（『古今名婦伝』）

を持たせておき、その間に自身は初会《しょかい》の客の座敷を務めて、それから鹿子位のいる揚屋に向かった（大坂新町遊廓では、幕末まで揚屋が残っていた）。

夕霧がこの世を去ったのは１６７８年（延宝《えんぽう》６）の正月のことで、二十二歳とも二十七歳だったともいわれる。夕霧の死を悼む人は多く、死後一カ月後には歌舞伎『夕霧名残の正月』が上演され人気を博した。また、「夕霧忌」は新年の季語にもなったほどで、当時の夕霧人気のすごさを物語っている。

†勝山

勝山《かつやま》は武家の生まれで、父親との確執から家を出て江戸へ出てきた。その後、承応《じょうおう》・明暦《めいれき》年間（１６５２〜１６５７）に全盛を迎えた湯女風呂《ゆなぶろ》で働きはじめた。

勝山は伝説的な遊女として有名で、彼女についてはさまざまな説が残されている。『色道大鏡《しきどうおおかがみ》』によると、勝山は諱《いみな》を張子といい、武蔵八王子《むさしはちおうじ》の出身で、１６４６年（正保《しょうほう》３）に湯女となって勝山を名乗ったことになっている。その後、１６５３年（承応２）に元吉原に移り、太夫として名を馳せた。

勝山の道中《どうちゅう》は「勝山歩き」として人気を博した。花魁《おいらん》道中は、いわゆる「八文字」という独特な歩き方をするが、当時は内側に向かって円を描く「内八文字」だった。それを勝山は、外側に円を描く「外八文字」で歩き、以降は外八文字であるく遊女が増え、新吉原になってからは外八文字が道中の主流となった。

その髪形も大人気となった。『異本洞房語園』（１７２０年）には「髪は白き元結にて片典《かたわげ》のだて結び勝山風とて今にすたらず」とあり、勝山の引退（１６５６年）から五十年以上たっても、その髪形は流行していたことがわかる。勝山の髪形は遊女だけでなく、一般庶民も真似をしたという。
また、草履に緋《ひ》の二本鼻緒をすげた「勝山鼻緒」というものも大流行した。

†佐香穂

尼になった遊女は、意外と多いという。『異本洞房語園』に、佐香穂《さがほ》という遊女が尼になった話が残っている。佐香穂は、元吉原の角町《すみちょう》にあった並木源左衛門《なみきげんざえもん》のお抱えの格子《こうし》だった。1645年（正保2）、佐香穂は突然髪を切り、吉原を抜け出すと、町奉行・朝倉石見守《あさくらいわみのかみ》の御役所へ向かった。仏門に入りたいと佐香穂は訴えたが、朝倉は源左衛門に佐香穂を引き渡した。しかし、佐香穂の意志は固く、源左衛門はついにその訴えを受け入れ、佐香穂は貞閑《ていかん》の法名で出家を許された。

『古今名婦伝』に描かれた勝山。髪形や衣装など、勝山の真似をする女性が当時はたくさん出たという。

佐香穂が仏門に入る決心をしたのは、梅という男を弔うためであった。梅は西国の武士で、本名はわからない。梅というのは家紋からつけられたあだ名である。佐香穂と梅は恋仲だったが、本国へ帰った梅が殉死したという。梅は佐香穂に遺品と歌を送ってきた。佐香穂は、梅の菩提を弔うために、そして二人の恋を成就させるために、尼になることを決心したのである。

佐香穂は、鎌倉で余生を過ごし、八十歳余まで生きたという。

†吉野

京を代表する遊女が吉野《よしの》であろう。吉野もまた名跡が受け継がれ、歴史上何人かいるが、有名なのは六条三筋町《ろくじょうみすじちょう》にいた二代目吉野である。1619年（元和《げんな》5）、十四歳で太夫に昇進した吉野は、類まれな美貌であるとともに、香道の名手で、知恵が深く、酒宴の取り持ちも上手だったため、一躍人気の遊女になった。その評判は中国（当時は清《しん》王朝）にまで聞こえ、当時の著名な中国の詩人が吉野のために詩をつくったほどだったという。

1632年（寛永《かんえい》8）、灰屋紹益《はいやしょうえき》という豪商に身請けされ、その十二年後に亡くなったという。

COLUMN 有名人だった高級遊女

ここで紹介した遊女のほかにも、薄雲《うすぐも》や玉菊《たまぎく》など、名を馳せた遊女は多くいた。遊女は浮世絵の題材になることも多く、名前付きで浮世絵に描かれたため、遊廓とは縁のないような庶民でも、名前くらいは知っていることもあった。また、博多の柳町《やなぎちょう》遊廓の小女郎《こじょろう》という遊女のように、浄瑠璃のモデルになって一世を風靡した遊女もいた。

また、廓内でも、遊女を描いた浮世絵を見て着物の柄などを見立てたりすることもあり、高級遊女は歌舞伎役者と並ぶ有名人であった。

苦界十年に生きる遊女

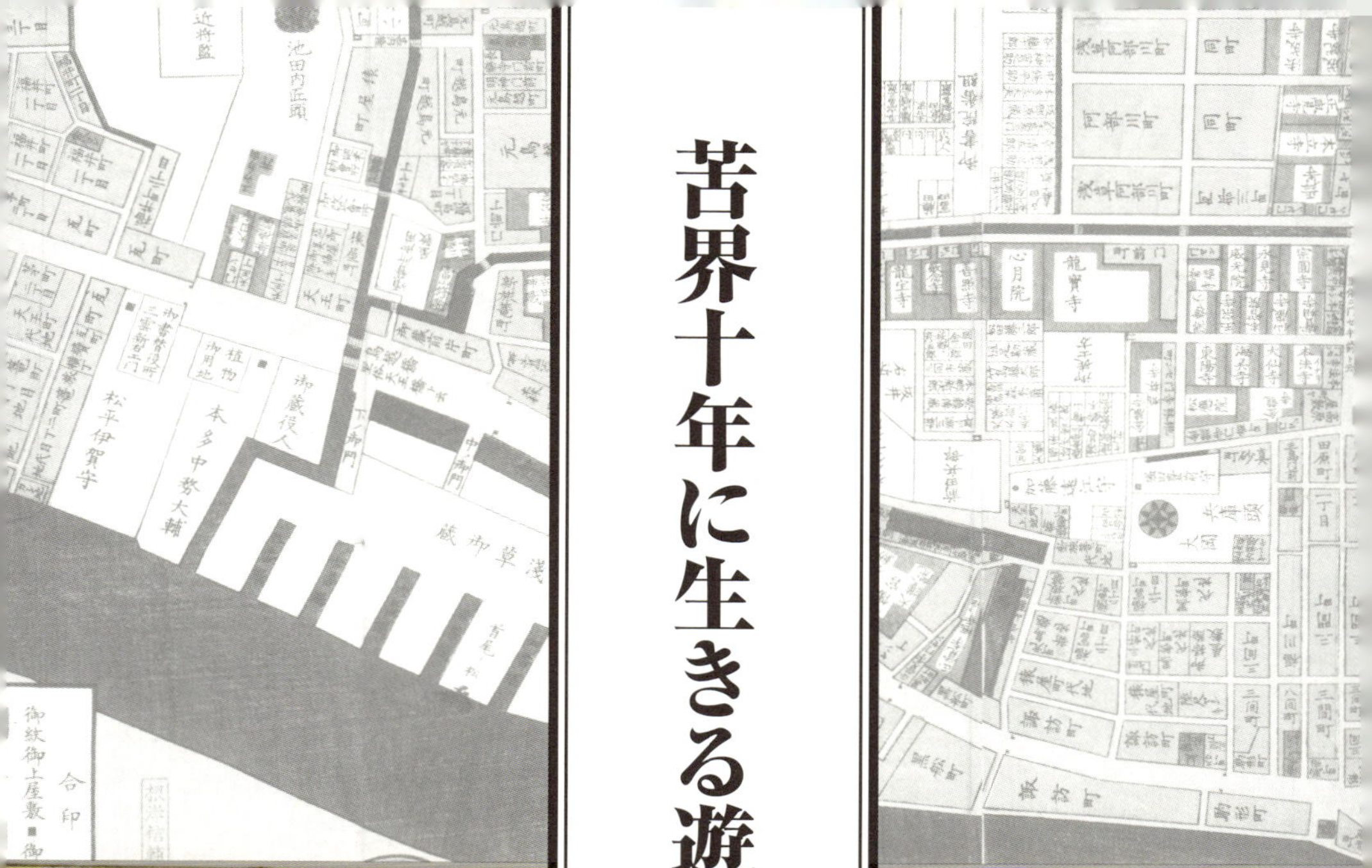

『新美人合自筆鏡』部分（北尾政演）

春画・艶本の中の遊女

「ねがひの糸口」部分（喜多川歌麿）

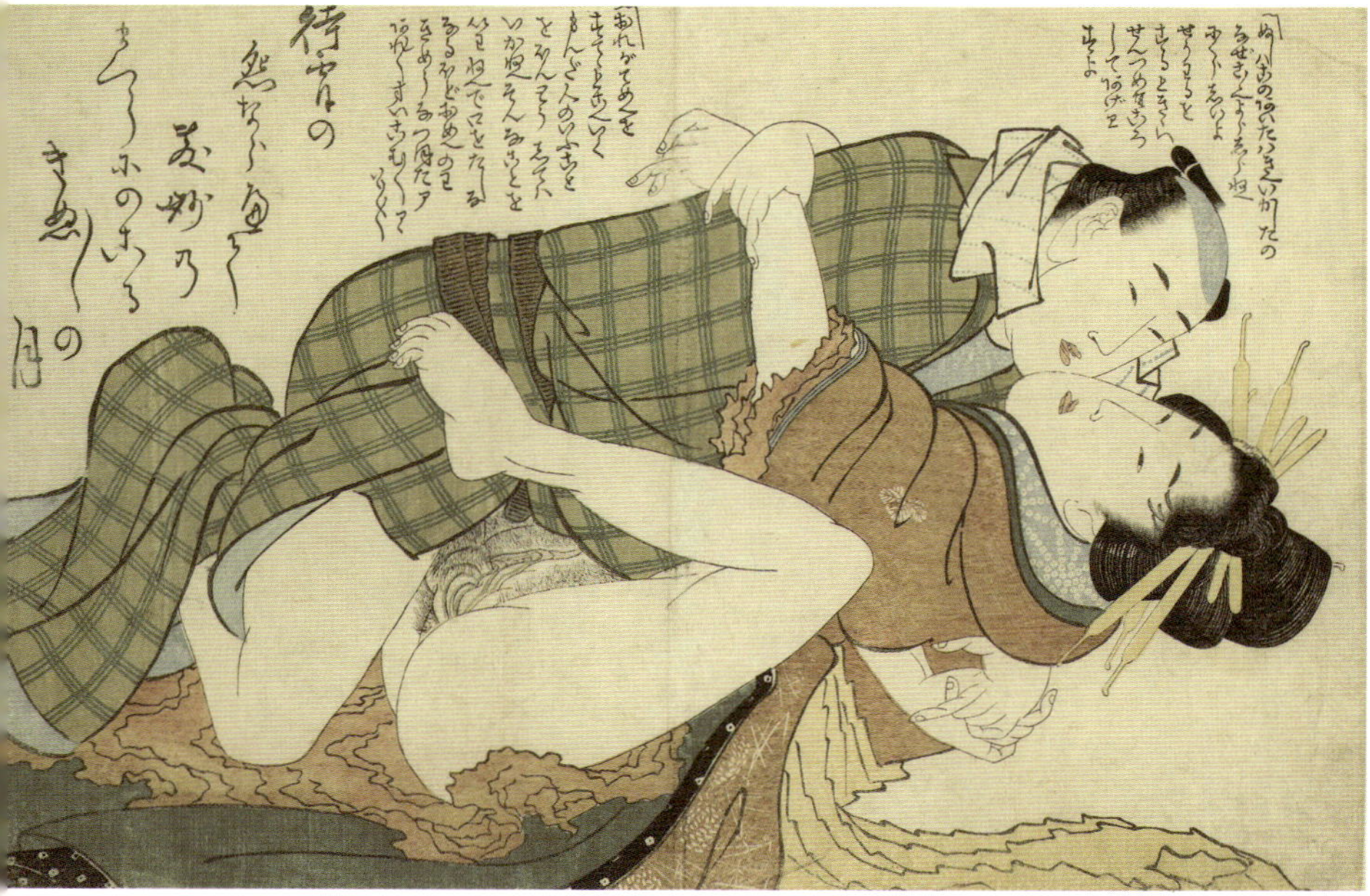

（上）『絵本小町引』（喜多川歌麿）
（下）『誉おのこ』（葛飾北斎）

このように、わざと客を待たせるのも、遊女の手練手管のひとつだった。(『風流江戸十二景』磯田湖龍斎)

振袖新造にちょっかいを出している客。花魁付きの振袖新造に手を出してはいけないのが吉原の暗黙の了解であった。(『風流艶色真似ゑもん』鈴木春信)

艶本や春画を見ながら遊女と性交する客もいた。遊女の頭の下にあるのが春画である。(『会本手事之発名』春川五七)

岡場所や宿場の旅籠などでは、相部屋のような部屋で客の相手をすることもあった。吉原でも、一晩に何人もの客から指名が入る人気遊女は、「廻し部屋」という相部屋で接客した。(『天野浮橋』部分、柳川重信)

陰毛の処理をする遊女たち。毛抜きで整えたあと、線香で焼き切るのが通常の方法だったという。(『逢夜鴈之声』歌川豊国)

吉原以外の遊女

（右ページ）身支度を整えている三嶋宿の遊女た
ちの様子。『東海道名所風景　三嶋』（月岡芳年

（上）江戸随一の岡場所・深川の遊女たち。江戸には多いときで八十カ所もの岡場所があったという。（『かくれ閭』石塚豊芥子）
（下左）常陸潮来（いたこ）の遊女。水戸藩領だった潮来は水運の要所として栄え、藩公認の遊廓でにぎわった。（『諸国道中金の草鞋』喜多川月麿）
（下右）桑折（こおり）宿の遊女。桑折宿は奥州街道の宿場町。江戸同様、全国各地の宿場にも遊女がいた。（『諸国道中金の草鞋』喜多川月麿）

（上）伊勢古市の遊女。古市は伊勢神宮の外宮と内宮の間にあり、伊勢参りをする人々でにぎわった。遊廓ではなく茶屋として黙認された遊女屋が建ち並び、最盛期には遊女屋七十軒以上、遊女千人以上を数えた。（『美人風俗合』部分　歌川広重）

（下左）博多中洲の遊女。博多にはほかに柳町遊廓という公認の遊廓があった。（『扇屋仮宅』鳥文斎栄之）

（下右）大坂新町の遊女。大坂新町は吉原、京島原とともに「三大遊廓」に数えられた公認の遊廓であった。（『浮世名異女図会』部分、五渡亭国貞）

第三章

遊女はどのように生活していたか——吉原の明と暗

遊女の一日を見てみよう

遊女の一日は「後朝の別れ」から

遊女の朝は、昨夜共寝をした客を見送る「後朝《きぬぎぬ》の別れ」からはじまる。

後朝の別れの語源は平安時代。当時の貴族は通い婚が一般的だったので、逢瀬に訪れた男は夜明け前に女の家を出て帰途についた。お互いの衣《きぬ》と衣を重ねて共寝した男女が、未練を残しながら、またそれぞれの衣を着て別れることをそう呼んだ。

明け六ツ（午前六時頃）前には、茶屋の奉公人が迎えにくるなどして客を起こした。禿《かむろ》が洗面用具を用意し、遊女は羽織を着せ掛けたりして客の支度を手伝う。

遊女は遊女屋の二階の階段のところまで、または階段の下まで、場合によっては大門《おおもん》のところまで客を見送った。このときいかに名残惜しそうに見送るかが、最後の腕の見せ所であった。

遊女の本当の朝

客を見送った遊女は、二度寝をする。客がいる間の遊女は熟睡していなかったので、ここで睡眠時

江戸時代の時間の呼び方

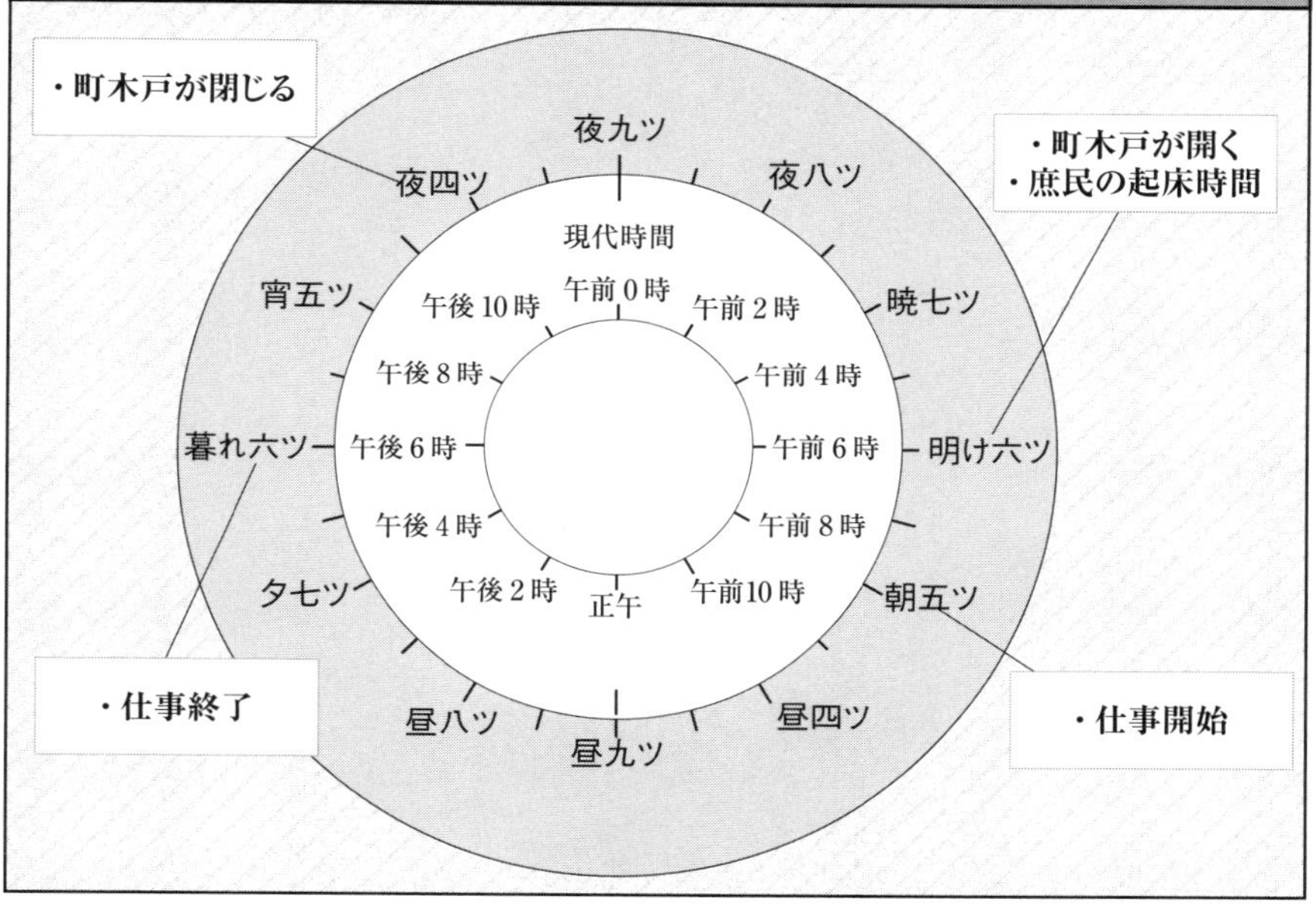

間を補ったのだ。

昼四ツ（午前十時頃）には、二度寝していた遊女たちもみな起き出して、遊女屋の一日がはじまる。

昼九ツ（正午頃）までは自由時間だったが、この間に身支度をしなければならない。遊女は朝風呂に入り、毎日やってくる髪結いやお付きの新造《しんぞ》などに髪形を整えてもらう。

自由時間のうちに食事も済ませた。高級遊女は朝食を二階の個室に運ばせた。下級遊女や禿は一階の大広間に集まって食べたが、遊女屋から出される食事は大変質素なものだった。この時間を使って文《ふみ》も書く。馴染みの客に手紙を送るときは、「天紅《てんべに》」という紙に書いた。天紅とは、巻紙の上部を紅に染めて、遊女の口紅を思わせるものだった。目的は、再来訪の催促や金の無心だが、高級遊女ともなれば露骨にならない上品な文面をしたためるだけの才があった。

●――客足の少なかった「昼見世」

昼九ツ（正午頃）になると、吉原の営業がはじまる。夕七ツ（午後四時頃）までが、昼間の営業時間としての「昼見世《ひるみせ》」である。呼出《よびだし》や昼三《ちゅうさん》などの高級遊女を除いた遊女たちは、通りに面した格子越しに往来の客たちが品定めをする「張見世《はりみせ》」に出た。

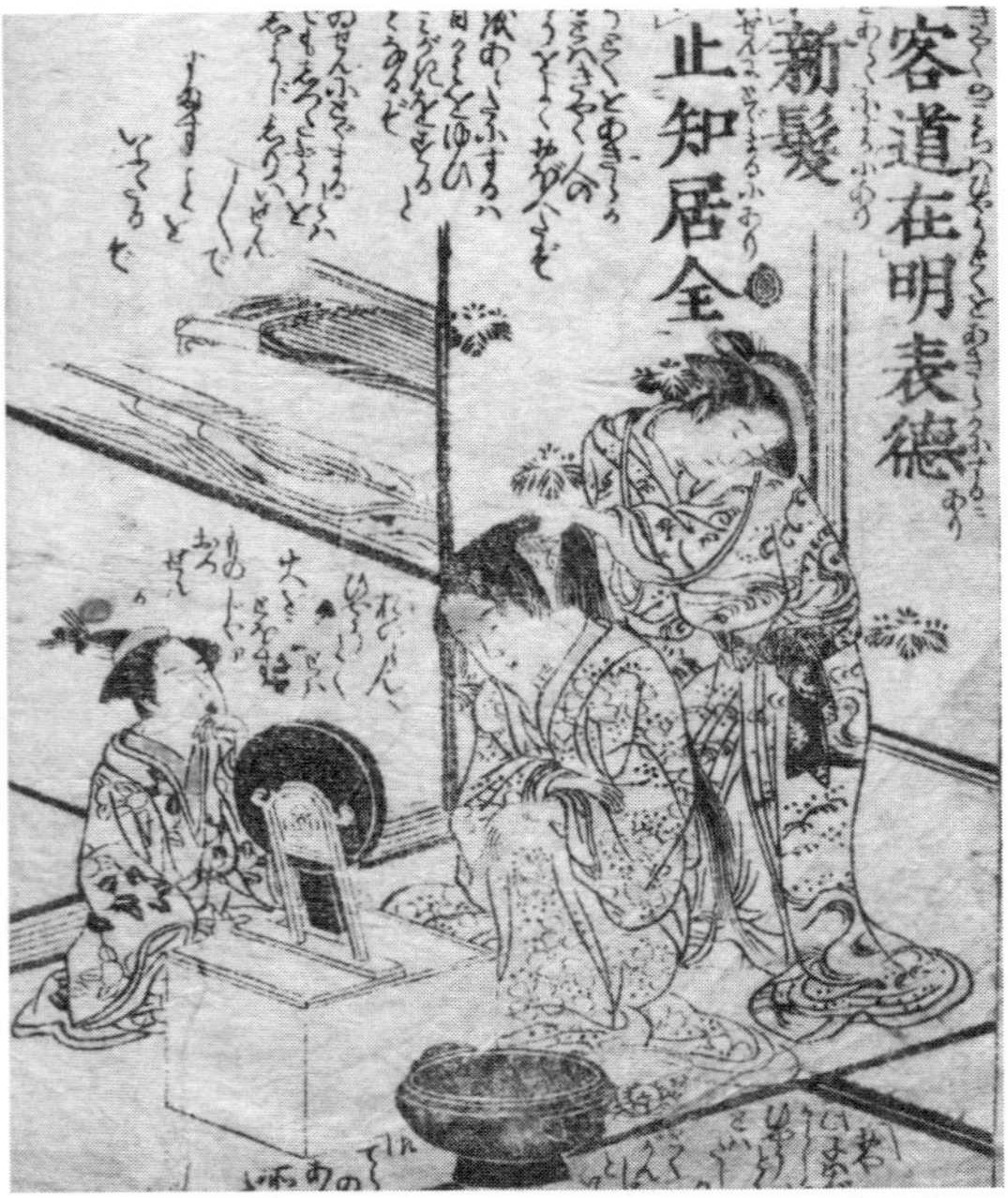

休み時間に髪を結ってもらう遊女。髪を結っているのは、遊女付きの番頭新造。（『玉子の角文字』）

昼見世の客は、勤番武士といわれる、参勤交代《さんきんこうたい》で地方から江戸に出てきた諸藩の武士が多かった。なぜなら藩邸は門限が厳しく、暮れ六ツ（午後六時頃）には表門が閉じられ、夜遊びができなくなったからである。勤番武士に裕福な者はおらず、祝儀を弾むこともなかったにもかかわらず、身分を笠に着て威張り、要求ばかり高い者が多かったので、野暮として

昼見世の空いた時間でかるた遊びに興じる遊女たち。(『青楼美人合姿鏡』)

遊女たちからは敬遠された。ほかに、夜が忙しい料理屋の番頭や板前などもいたが、一般に昼見世は客が少なかった。

張見世に出た遊女ものんびりとしていた。客がつけば座敷にあがったが、そうでなければ仲間の遊女と雑談に興じたり、文を書いたり、双六《すごろく》遊びや花札をしたりして過ごした。

とくに高級遊女の場合は、暇で上客もこない昼見世には淡白で、「昼見世へお職《しょく》はなまけなまけ出る」などという川柳もつくられている。「お職」とは、その遊女屋の高級遊女の筆頭のことである。

昼見世が終わると、遊女たちは遅い昼食をとって、しばし自由時間となる。遊女屋を訪れる小間物屋、呉服屋、貸本屋といった行商人の相手をし、夜見世《よみせ》に備えて身だしなみを整えた。

鈴の音とともにはじまる「夜見世」

日が沈む暮れ六ッ(午後六時頃)になると、遊女屋の縁起棚にある鈴が勢いよく鳴らされる。「おふれ」と呼ばれる、夜見世はじまりの合図である。鈴の音と同時に、各遊女屋で「清掻《すががき》」の演奏がはじまる。清掻とは、三味線によるお囃子《はやし》で、芸者や振袖新造《ふりそでしんぞ》が担当した。遊女屋によって三味線の弾き方にも微妙な違いがあり、それぞれの清掻が、吉原の町をいっせいに賑わすのである。男たちも吸い寄せられるように張見世に向かう。

張見世の大行灯には灯がともされ、居並ぶ遊女たちの容姿を妖艶に照らした。毛氈《もうせん》の敷かれた中央に遊女屋筆頭のお職が座り、そのほかの遊女たちが階級順に左右に分かれた。

客がついた遊女は二階の座敷で客と対面する。しかし、すぐに床につくのではなく、言葉を交わすと、遊女はまた階下へ降りて張見世へ並ぶ。ほかの客からの指名も取るためであ

遊女屋の清掻（『両個女児郭花笠』）。新造が三味線を弾き、三味線に合わせて禿が歌っている。

遊女の一日

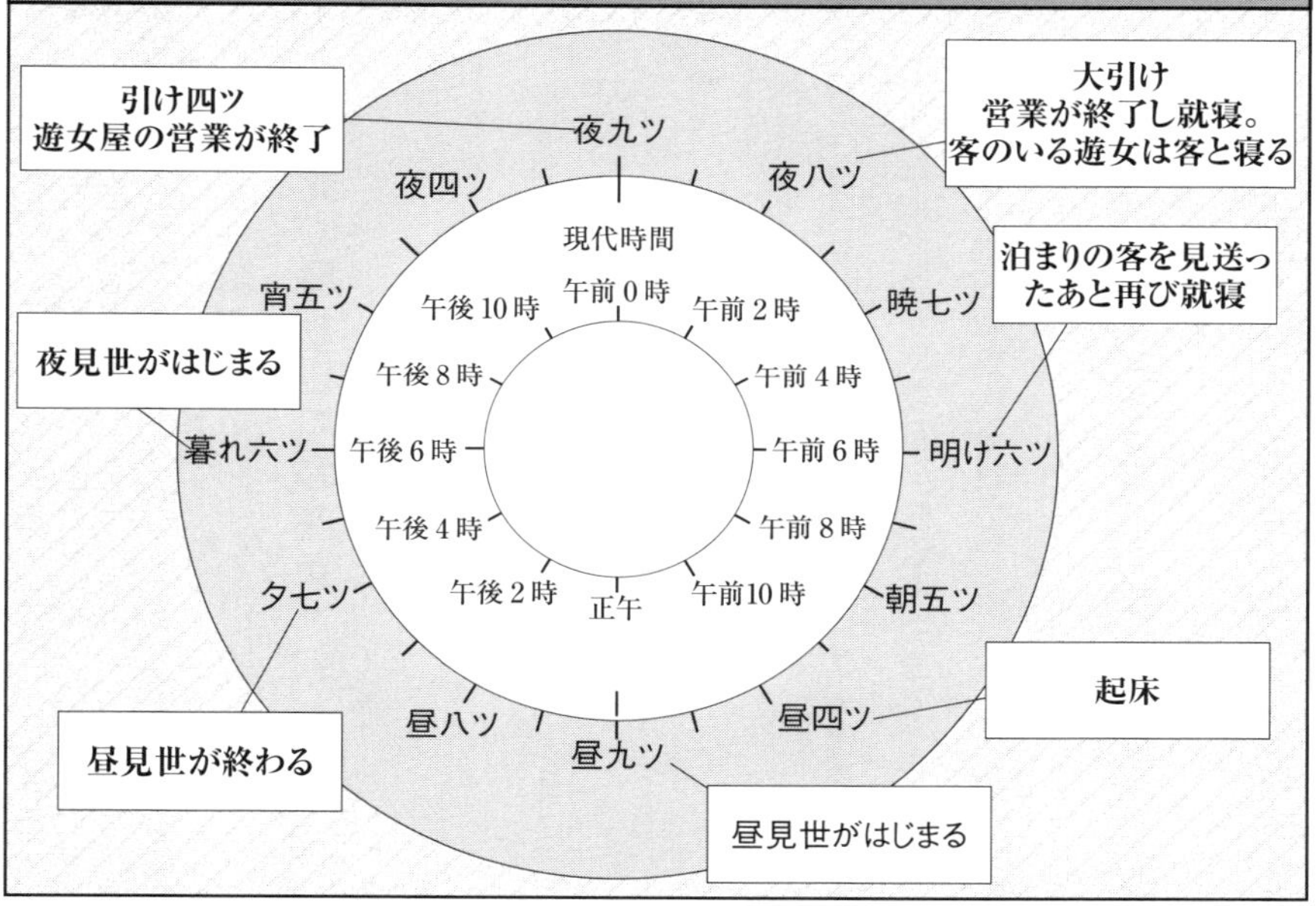

る。何人か客をとると、二階でそれぞれの客の相手をする。廻しをとった場合は、同じ時間帯に複数の客を相手にしなければならないため、待ちくたびれた客が怒り出すなど揉めごとも多く、遊女本人だけでなく、名代の振袖新造や遊女屋の若《わか》い衆《し》たちが機転を利かせて場をつないだ。

夜九ツ（午前〇時頃）の拍子木の合図で「中引《なかひ》け」となる。吉原ではこの時刻を「引《ひ》け四《よっ》ツ」といい、遊女屋の表戸が閉められるので、それ以降の客はとらない。夜八ツ（午前二時頃）を知らせる拍子木の合図で「大引《おおひ》け」となり、吉原の営業は終了する。それまで宴会をしていた客も遊女もみな床につく。もちろん、床入り後の接待には際限がない。後朝《きぬぎぬ》の別れをするまで、遊女の仕事は続くのである。

遊女にも休日はあったのか？

籠の鳥としての遊女

遊女に与えられた休日は、正月（一月一日）と盆（七月十三日）、年にわずか二日だけだったという。しかも休日といえども、吉原の遊女は、よほどのことがなければ自由に大門《おおもん》の外に出ることができない。よほどのことがあった場合でも、申請して「切手」と呼ばれる大門の通行証をもらい、外出時には遣手《やりて》や若《わか》い衆《し》が付き添わなければならなかった。

いかに遊女が籠の鳥として束縛されていたかがわかる。

盆と正月の二日しか休日がないまま、苦界《くがい》十年といわれる吉原で働き続けることはさすがに不可能である。そこで、遊女たちは「身揚《みあが》り」をして、休日をつくった。

身揚りとは、自分の揚代《あげだい》を自分で遊女屋に払い、その代わりに休みをもらうことである。つまり、ただでは休ませてくれないので、遊女は自分で自分を買ったのである。惜しまず祝儀をはずんでくれる上客をもつ高級遊女ならまだしも、普通の遊女には容易なことではない。

そもそも遊女は、遊女屋への借金を返すために働かされている。そのため身揚りをすれば、またそれだけ借金が増えて年季明けが遠のくことになった。「忘八《ぼうはち》」と呼ばれる楼主《ろうしゅ》の守銭奴ぶりがうかがわれる取引だが、そうでもしなければ遊女は休むことができなかったのだ。

また楼主は、遊女に金を払わせて許可する身揚りでありながら、稼ぎの高い高級遊女であれば大目に見たが、そうでない遊女に対しては「ほかの遊女に休み癖がついては困る」という理由で、こころよく受け入れることはなかったという。

◉——休日の遊女の過ごし方

年季明けが遠のくのを承知で身揚りをしてまで休日をつくった遊女は、その日どう過ごしたのか。

吉原では、身揚りをして「情男《いろ》」に会うのが粋《いき》とされた。遊女が商売を抜きに、心底惚れた男が情男である。情男との恋を生きがいとして暮らす遊女は多かった。

楼主としては、情男との逢瀬が遊女の気分転換になるのならよいが、その思いが高じて商売に身が入らなくなるのではないかと常に警戒し、場合によっては強引に情男を遠ざけた。逃亡や心中に及ぶ怖れもあったからである。

また、親が訪ねてくることから身揚りをする遊女もあった。しかし、はるばる田舎《いなか》から親が訪ねてきても、その目的は金の無心のことが多かった。遊女に売ったあとでさえ、まだ娘に頼る親は少なくなかったのである。

さらに、楼主からの一方的な要請によって身揚りをさせられることもあった。客がつかず、売れ残った場合である。遊女の苦労は絶えなかった。

吉原の「紋日」という祝日

吉原では年中行事が大切にされた。江戸市中と同様のものもあるが、吉原独自の行事もあった。

これらの特別な日を「紋日《もんび》」という。なかでも、三月の「花見」、七月の「玉菊灯籠《たまぎくどうろう》」、八月の「俄《にわか》(仁和賀)」といった大きな催事は、各所から多くの見物客も集まり賑わった。

ただ紋日は、高位の遊女や登楼客にとっては出費のかさむ日でもあった。

遊女は、華やかな催事のために自腹で、お付きの新造《しんぞ》や禿《かむろ》たちのものを含めて着物を新調したり、遊女屋の奉公人などに祝儀をあげたりしなければならなかった。普段から相当の上客がついていなければ、金策の苦労は絶えなかったのである。

客も金がかかった。まず、紋日の揚代《あげだい》は普段の二倍であった。揚代だけではなく、台《だい》の物《もの》や祝儀などすべての値段が倍になった。そして、馴染みの花魁《おいらん》の晴れ姿のためには、多くの祝儀をはずまなければならない。

紋日に遊女を一日買い占めることを「仕舞《しまい》」というが、高位の遊女はその矜持《きょうじ》を保つためにも、しきりに仕舞をねだった。仕舞をしてくれる上客が見つからなかった遊女は、自分で自分を買う「身揚《みあが》

紋日の日数の変遷

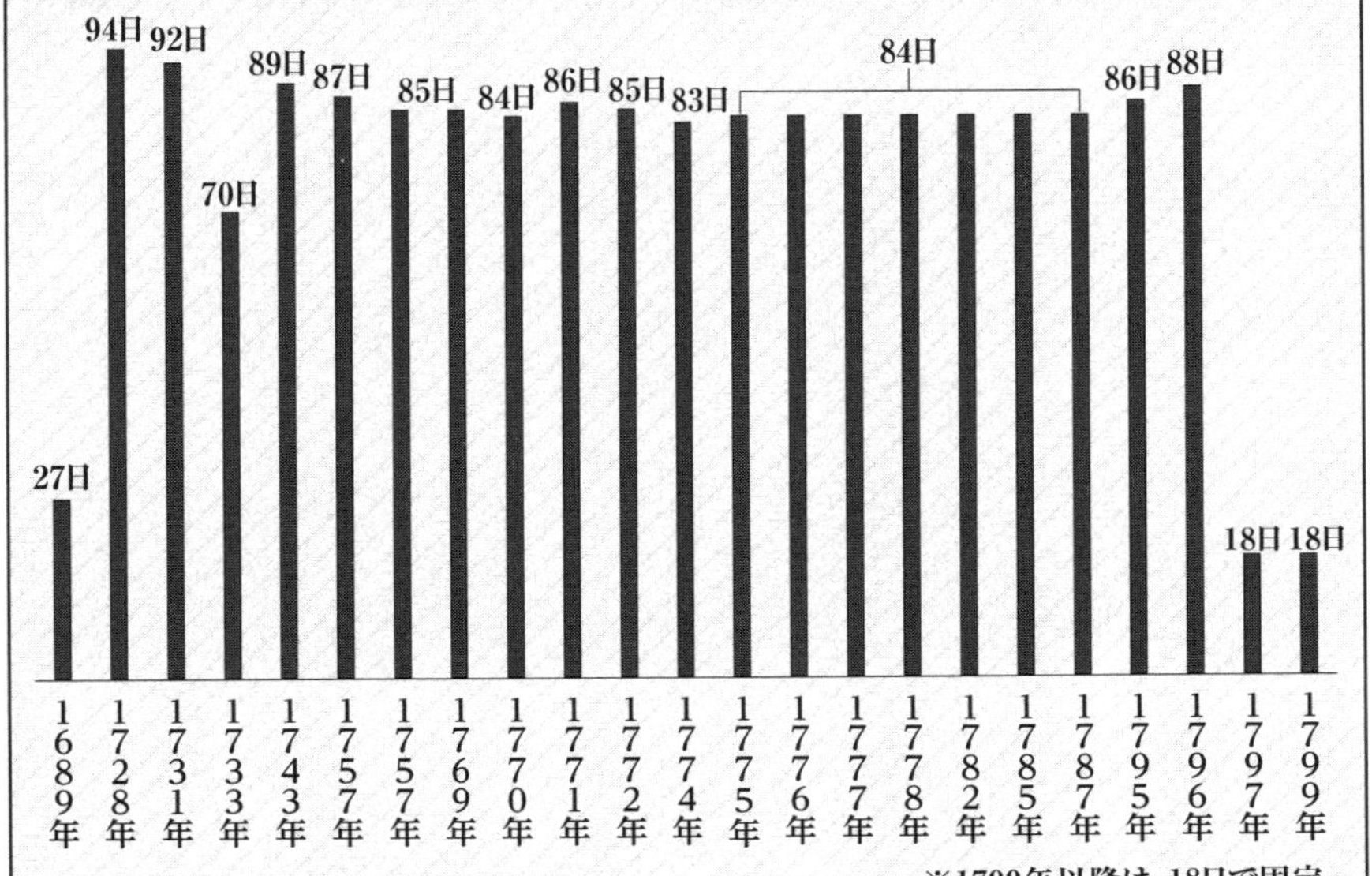

（出典：『日本史小百科　遊女』東京堂出版）

※1799年以降は、18日で固定

り」までして紋日を乗り切ったという。

遊女屋は金儲けに走って紋日を次々と増やしていったが、やがてそれが災いして客足を遠ざけることにもなった。また、幕府からの通達もあり、１７９７年（寛《かん》政《せい》９）、それまで八十日以上もあった紋日を一気に十八日まで減らしたのだった。

†一月・二月の年中行事

正月になると、吉原の表通り（仲の町）では、通りをはさみ向かい合う二軒の遊女屋が、通りの中央にそれぞれの門松を自分の見世に向けて飾った。よって、二軒の遊女屋の門松が背中合わせとなり、「背中合わせの松飾り」と呼ばれた。門松は松の内の間、飾られていた。

元日には、遊女屋はもちろん、すべての店が休業し、遊女屋では雑煮で初春を祝った。「仕着せ日」として、遊女たちは楼主が格に応じて選んだ小袖を着て年始の挨拶にまわった。このとき禿は大きな羽子板を持って従うのが習いだった。

二日は「初買い」といい、遊女屋の営業開始日で、最初の紋日である。大黒舞《だいこくまい》や太神楽《だいかぐら》が通りに出てにぎやかに祝い、物見高い見物客も集まった。

二月には初午《はつうま》がある。遊女屋は、在籍する遊女の名前を入れた提灯《ちょうちん》を軒先に吊るし、赤飯や菓子などを供えた。九郎助稲荷《くろすけいなり》では縁日が催され、遊女をはじめ多くの吉原の住人が集まった。遊女の名入りの提灯や供え物はその後、九郎助稲荷に奉納された。

初午の少し前に「節分」（立春の翌日）がある。吉原でも豆まきが行われ、馴染みの客はこの日、惣仕舞《そうじまい》することが習わしだった。

†三月の年中行事

三日の上巳《じょうし》の節句（現在の雛祭《ひなまつ》り）は、市井の人たちと同様にこれを祝ったが、特別なことが行われたわけではなかった。遊女が雛人形を買って自室に飾ることはあったという。

三月の最大の見ものは、一日から月末まで行われる「花見」である。仲の町の夜桜は吉原最大の年中行事であり、江戸の名物でもあった。

そもそも仲の町に桜並木はない。毎年この時期に合わせて、植木屋が大量の桜の木をわざわざ運び込み、大門《おおもん》から水道尻《すいどじり》までの仲の町に青竹の垣根をめぐらして植えたのである。桜の高さも、道の両側に並ぶ引手茶屋《ひきてぢゃや》の二階から眺めやすいようにそろえ、根元には山吹も添えた。さらに雪洞《ぼんぼり》が立てら

吉原の正月（『吉原青楼年中行事』）。羽子板を持った禿がいる。

吉原の夜桜（『東都名所』の内「新吉原仲の町夜ざくら」）。吉原の桜は江戸の名所のひとつだった。

れて、満開の夜桜を美しく照らした。

極めつきは、そんな夜桜の咲き誇り、また舞い散る仲の町での花魁道中《おいらんどうちゅう》である。吉原遊女の最高位に君臨する花魁が、外八文字の歩調で多くの供を従えて進む凛とした姿は圧巻で、絢爛たる盛装とともに江戸市中から見物に押し寄せた老若男女を魅了した。

†四月・五月・六月の年中行事

四月には特筆するような年中行事はない。五月の端午の節句は「仕着せ日」である。単衣《ひとえ》の夏衣装を遊女屋が遊女に支給した。また、この日には菖蒲《しょうぶ》の花開きが行われる。仲の町の中央に小さな溝を掘り、そこに菖蒲を植え付けていく。周囲は垣で結び、ところどころに橋を渡した。菖蒲の花開きには六十両もかかったというから、大がかりな行事であった。

六月の土用の入りには、遊女たちが、馴染みの客や引手茶屋などに暑中見舞いのうちわを贈るのがならわしだった。

†七月・八月・九月の年中行事

七月の七夕《しちせき》の節句（現在の七夕《たなばた》）は、一般の家のように、遊女屋ごとに葉竹を立てて、短冊に一首書いて吊るした。短冊が吊られた葉竹を見ようと、江戸の人々がやってきて賑わった。

七月十二日は「草市《くさいち》」といい、仲の町に市が立った。翌日の盆支度の品などが売られた。通常は十六日が盆になるが、市井の人々が休みのときに吉原を休みにするのはもったいないので、吉原では十三日が盆とされた。この日は、吉原全体が休みとなり、遊女にとっては、年に二日しかないうちの大切な休日であった。

また、七月一日から月末までは「玉菊灯籠《たまぎくどうろう》」という行事があった。仲の町の引手茶屋が灯籠を軒先に吊るす、吉原三大行事のひとつである。

かつて角町《すみちょう》の中万字屋《なかまんじゃ》という遊女屋に、玉菊という才色兼備を謳われた遊女がいたが、病に倒れて、惜しまれながらこの世を去った。その年の盆、玉菊を贔屓にしていた引手茶屋の有志たちが、軒先に灯籠を吊るして追善供養した。

玉菊燈籠（『風俗四季哥仙　中秋』）。障子の向こう側に吊るされているのが燈籠。その向こうには七夕の葉竹が見える。

これが評判となり、以後、玉菊灯籠の名で吉原の年中行事となった。

玉菊を弔い、また吉原で亡くなったすべての遊女たちの霊を弔うための灯籠であるが、引手茶屋は年々趣向を凝らした「つくりもの」と呼ばれる灯籠も吊るすようになり、しだいに吉原独自の華やかな盆時期の催事として定着したのである。

八月一日は「八朔《はっさく》」である。この日に限り、吉原の遊女たちは白無垢の着物を着て、道中も白無垢のまま行った。

また、八月は一日から月末まで「俄《にわか》」という祭りが行われた。「花見」「玉菊灯籠」と並ぶ吉原三大行事のひとつである。

俄とは、仮装をした幇間《ほうかん》や芸者が中心となり、遊女屋や引手茶屋なども協力して、踊りや有名な芝居の真似事をしながら練り歩いたり、車の付いた舞台を引いてまわったりする祭りである。歌舞伎好きの引手茶屋や遊女屋の主人たちが集まり、思いつきの俄狂言を仲の町で披露したのがはじまりという。九郎助稲荷の祭礼がはじまりという説もある。

俄は八月を通してほぼ毎日（晴天の日のみ）、さまざまな趣向を変えて行われたた

俄で提灯などを持って練り歩く芸者と幇間（『吉原年中行事』）。八月いっぱいは晴れの日に限り、吉原では毎日祭りが行われた。

め、多くの見物客を呼んで、吉原の夏には欠かせない風物詩となった。

九月九日は重陽《ちょうよう》の節句で、吉原では「後見《うしろみ》の月」という紋日であった。八月十五日の仲秋《ちゅうしゅう》の月見に登楼した客は、必ずこの後見の月にも登楼することを遊女と約束した。来なければ、片月見《かたつきみ》を忌む遊女から嫌われたという。また、この日から遊女は冬衣装となった。

†十月・十一月・十二月の年中行事

江戸時代、十月には「玄猪《げんちょ》」といって、亥の月（十月）の最初の亥の日（旧暦では毎日に十二支が割り振られていた）に餅を食べる習慣があったが、吉原ではこの日に遊女屋が大火鉢を出すことになっていた。二十日の「恵比寿講」は遊女屋ごとにこれを祝った。

十一月八日は、鍛冶屋《かじや》などが行う「ふいご祭り」（鍛冶屋や鋳物師《いもじ》が稲荷社に参り、ふいごを清める行事）にあやかり、遊女屋の庭にみかんをまいて禿に拾わせ、火災防止のまじないとした。

十二月十三日には各遊女屋で「煤払《すすはら》い」が行われ、遊女たちは若い衆などに手拭を配った。二十日前後には「餅つき」がある。遊女屋ごとに出入りの者や若《わか》い衆《し》が餅をつき、遊女は彼らに祝儀を与えた。大見世では明け六ツ（午前六時頃）にはじまって引け四ツ（午後十時頃）までかかったという。

大晦日には「狐舞《きつねまい》」が吉原にやってくる。吉原には、獅子舞ではなく、狐の面をかぶった狐舞が押しかけた。この狐に抱きつかれた者は、その年に身籠るといわれていたので、若い遊女たちは逃げまわった。遊女屋は大晦日に店先に高張提灯《たかはりぢょうちん》を出し、そこに馴染客からの贈り物である来年用の積み夜具が並べられた。

遊女の服装と化粧

時代とともに華やかになった衣装

江戸幕府とともに三百有余年という歴史をもつ吉原だけに、遊女たちの衣装は、時代による変遷が大きい。ただ江戸時代を通じて共通している変化は、時代を下るにつれて華やかに、そして豪華になっていったことである。

元吉原から新吉原初期にかけての遊女は、最高位の太夫《たゆう》といえども現在の男帯程度の細幅の帯を巻いた、あまり庶民と変わらぬ地味ないでたちであった。

経済が成熟しはじめる元禄《げんろく》（1688～1704）の頃になると、遊女の帯幅も広くなり、享保《きょうほ》（1716～1736）の頃からは帯を前で結ぶようになった。その頃から、花魁道中《おいらんどうちゅう》をする高級遊女は、高位の証である金襴《きんらん》や緞子《どんす》の高価な打ち掛けを羽織るようになったという。打ち掛けは江戸時代を通して高級遊女のみに許された衣装で、新造《しんぞ》や切見世《きりみせ》女郎など下級遊女は羽織ることはできなかった。

帯を前で結ぶことは、市井の女性の間でも行われていたが、徐々にすたれて吉原だけに残った風習だったため、結果的に遊女を印象づける結び方となった。

後期の遊女のように豪華な着物を着るようになったのは、安永《あんえい》・天明《てんめい》期（1772～1789年）

延宝期（1673～1680年）の遊女（『よしはらの躰』菱川師宣）。帯はまだ後ろで結んでおり、着物の柄も地味である。

享保期（1716～1736年）の遊女（『西川筆の山』西川祐信）。帯は前結びになり、綺麗な打ち掛けを羽織っている。

の頃といわれ、この頃から花魁と呼ばれる高級遊女は豪華な錦繍《きんしゅう》を着て道中をするようになった。帯の前結びと同じように、市井の女性と遊女の違いを象徴するものが「湯文字《ゆもじ》」だ。湯文字とは腰巻のことである。

市井の女性が使う湯文字は白か浅葱《あさぎ》色だったが、遊女は緋色《ひいろ》の縮緬《ちりめん》の湯文字をまとった。これも、吉原初期には庶民と同じ白だったが、時代とともに緋色で定着したものである。

また、遊女は冬でも足袋を履くことがなかった。遊女屋の階段ですべってけがをしないようにそうなったという説もあるが、一時期の素足を見せるのが「粋」という流行が吉原の慣習となり、足袋を履くのは「野暮」とされたという説のほうが有力である。そのため、遊女は年季が明けたのちに足袋を履こうとしても、自分の足の大きさが何文なのかを知らない者もいたという。

●――一人前としての「お歯黒」と厚化粧

江戸時代には、市井の女性が結婚すると「お歯黒」で歯を黒く染めるのが慣習だった。吉原の遊女は結婚することはないが、振袖新造《ふりそでしんぞ》がはじめて客をとる「突出《つきだ》し」の日からお歯黒をした。吉原では、一人前の遊女になったことを示す化粧がお歯黒だったのである。

吉原を囲む「お歯黒どぶ」は、お歯黒に使用した薬液を捨てたために水が黒く濁り、その名がついたといわれている。

遊女の歯が白くなると、それは年季が明けたことを意味した。

江戸時代後期の高級遊女たちは、著名な絵師の錦絵などの流布も手伝って、市井の女性たちが憧れる流行の最先端にいる、いわばファッションリーダーであった。ファッションリーダーとしての化粧は、白粉《おしろい》をたっぷり塗り、ひきしまった眉墨《まゆずみ》をひき、濃い紅をさすという、豪華絢爛な衣装に負けないくらいはっきりとした厚化粧である。なお、紅はアイシャドウのように使うこともあった。

市井の女性たちの羨望の的となったのが、下唇だけを玉虫色に発色させる「笹色紅《ささいろべに》」という化粧法だった。紅を何度も重ねてつけることによって下唇が独特の光沢をもった玉虫色に輝いた。当時、紅は大変高価なものだったので、笹色紅は高級遊女の美しく豪奢な佇まいを示すシンボル的な化粧法だった。市井の女性たちは、薄い墨を唇に下地として塗り、その上に紅をつけるという裏技で笹色紅と同じ効果を出していたという。

文政期（1818 ～ 1831 年）の遊女（『美艶仙女香　す〻みかな』溪斎英泉）。ひきしまった眉と濃い紅をさしている。わかりづらいがお歯黒をしているのもわかる。

遊女の髪形と髪飾り

遊女の髪形が市井で流行

今も昔も女性の髪形は、その時代とともに千変万化するもので、吉原遊女も例外ではない。むしろ、美しさを競うことが商売である遊女の髪形は、時代の流行の最先端にあったので、常にいち早く変化して、市井の女性たちのお洒落心をリードしていたといえる。ここでは、遊女を発信源とする代表的な髪形を紹介しよう。

†兵庫髷

初期の吉原では、遊女の髪形は「兵庫髷《ひょうごまげ》」が多かった。

吉原が創設される以前から、江戸に兵庫屋という遊女屋があり、兵庫屋が吉原へ移ったとき、ほかの遊女屋の遊女たちが兵庫屋の遊女たちの髪形を真似て髷を結ったのがはじまりといわれる。また、兵庫髷は摂津《せっつ》兵庫の遊女たちが結っていた髪形という説もある。

とくに吉原では、兵庫髷をアレンジした「立兵庫《たてひょうご》」という結い方で吉原の格式を示し、その後も「横兵庫《よこひょうご》」など人気となるアレンジが生まれた。兵庫髷は吉原だけでなく、さまざまなアレンジを重ねながら一般にも広まっていった。

†勝山髷

元吉原の末期に人気を博し、吉原の花魁道中《おいらんどうちゅう》の「外八文字」の歩き方をはじめたことでも知られる太夫《たゆう》・勝山《かつやま》が考案した結い方が、武家風ともいわれた「勝山髷」である。

勝山髷をアレンジしたものに「丸髷《まるまげ》」と呼ばれる結い方があり、江戸時代中期には遊女、後期以降は市井の既婚女性の髪形として流行した。

†島田髷

「島田髷《しまだまげ》」は、江戸時代初期の若衆《わかしゅう》（未成年の男子）の髪形だった「若衆髷」から派生した結い方である。諸説あるが、駿河《するが》島田宿の遊女たちが、若衆髷を女性用の髪形にアレンジしたのがはじまりといわれている。

その後、島田髷をさらにアレンジした多くの髪形ができた。「つぶし島田」は江戸時代後期の代表的な髪形となり、髷の根元を高くした「高島田《たかしまだ》」は武家の娘たちの間で評判となった。その高島田の根元をさらに高く改良したものが「文金高島田《ぶんきんたかしまだ》」で、現代でも和装の結婚式では定番の髪形として知られている。

横兵庫（『丁子屋内唐歌』部分、歌川久信）。遊女のシンボルのような髪形。京の島原遊廓でも流行した髪形である。

勝山髷（『閨の盃』部分、鳥居清信）。名妓・勝山をルーツとする髪形。のちに丸髷など多くの派生形を生み出した。

丸髷（『見立邯鄲』部分、喜多川歌麿）。勝山髷をアレンジしたもので、のちに一般にも普及。既婚女性の代表的な髪形となった。

島田髷の派生形「つぶし島田」（『当世三美人』部分、喜多川歌麿）。江戸時代後期に大流行し、当時のスタンダードな結い方となった。

遊女の髪飾り

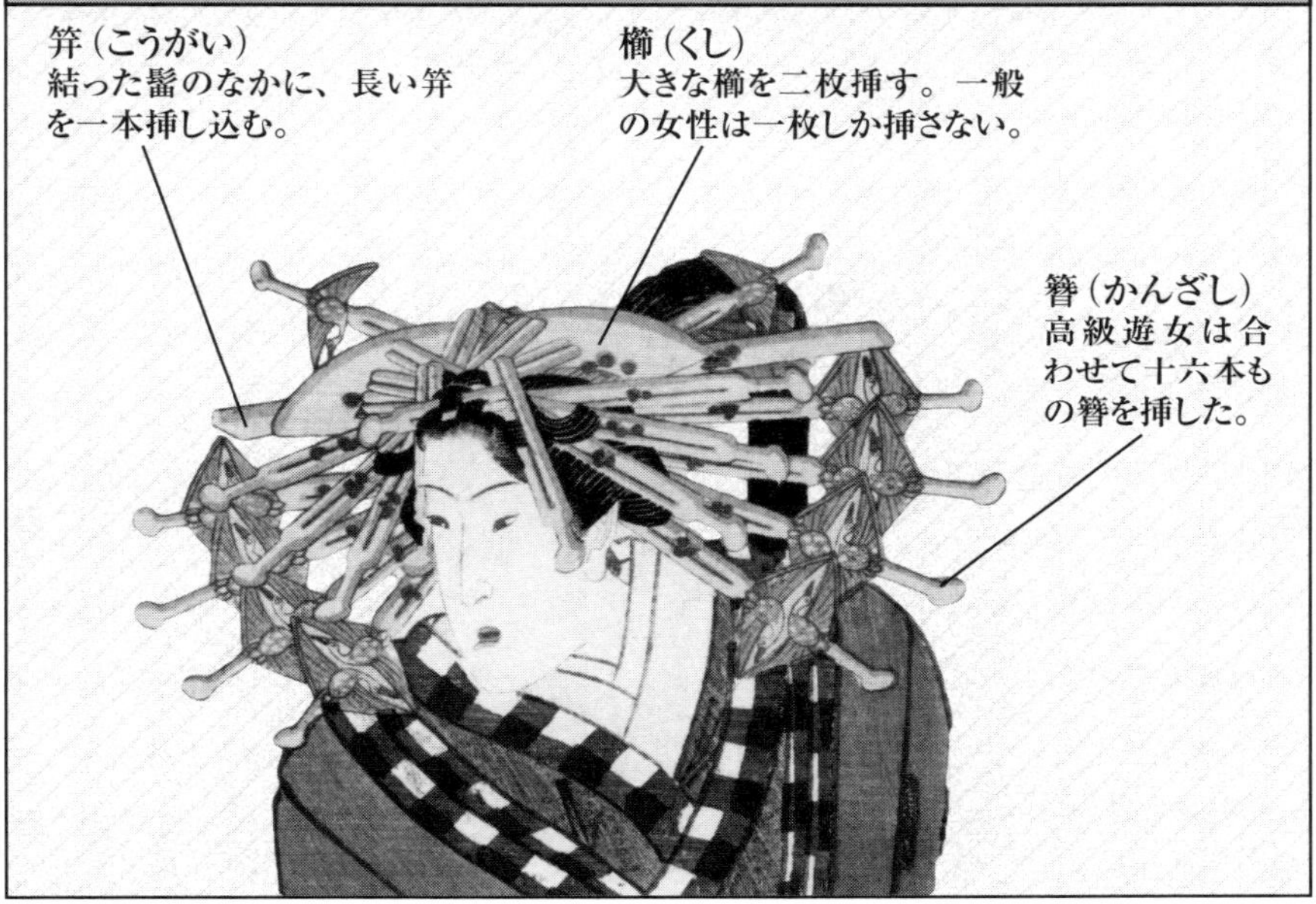
笄（こうがい）
結った髷のなかに、長い笄を一本挿し込む。
櫛（くし）
大きな櫛を二枚挿す。一般の女性は一枚しか挿さない。
簪（かんざし）
高級遊女は合わせて十六本もの簪を挿した。

◉——豪華になった髪飾り

遊女の髪飾りは、衣装と同様、時代が下るにつれて豪華になっていった。

吉原当初の遊女は、簪《かんざし》や笄《こうがい》はおろか、櫛《くし》すら挿していなかったが、やがて、木製の櫛が髪に挿されはじめ、簪や笄が流行した。笄とは、もともとは髷《まげ》の乱れを整えるための道具で男性も使用した。武士の場合は、小刀などの鞘《さや》の部分に笄が挿し込まれていた。しかし、とくに女性用の笄は、時代とともに実用品というよりも、簪と同じ装飾品としての意味合いが濃くなっていった。

江戸幕府からたびたび倹約令が出されたりしたことで推移はあるものの、遊女の装飾品はしだいに豪華になっていった。

江戸時代後期、遊女の装飾が最盛期だった頃には、道中など花魁の晴れ姿ともなると、大きな櫛を二枚と長い笄、そして髷の前後に合わせて十六本の簪を挿したという。

豪華なのは、数だけではない。これらの髪飾りはどれも、鼈甲《べっこう》や象牙《ぞうげ》といった高級素材に、蒔絵《まきえ》や螺鈿《らでん》などが施された芸術品といえるものばかりだった。また、道中に付き従う新造《しんぞ》や禿《かむろ》も簪を付けた。とくに、禿のものは花簪といわれ、造花をつけたり、金銀の短冊を下げたりして豪華な仕様だった。

ちなみに、花魁が客と床入りをする際は、高価な髪飾りはすべて抜き取り、懐《かい》紙《し》に包んで禿などに預けた。客のなかには手くせの悪い者もいたからである。

春画などで見られる髪飾りをつけたままの花魁の寝姿は、画面構成上の潤色である。

花魁道中に同行する禿。きれいな造花をあしらった花簪をつけている。(『雛形若菜の初模様』部分)

遊女は何を履いていたか？

遊女屋では草履履き

素足を見せることを粋とした吉原の遊女たちは、冬でも遊女屋内で足袋《たび》を履くことはなく裸足だったというが、その代わりに草履を履いた。

遊女たちが履いていたのは「上草履《うわぞうり》」と呼ばれる室内用の履物で、草履を幾重にも重ねた分厚いものだった。これは、遊女の格により重ねる枚数が違い、花魁《おいらん》と呼ばれる高級遊女は二十枚以上の厚さに重ねたものを使い、新造《しんぞ》以下は十枚ほどを重ねたという。ただし、江戸時代後期になると、花魁でも薄い上草履を履くこともあり、禿《かむろ》などは裸足のときもあった。

上草履を履いた遊女が遊女屋の廊下を歩くときに独特の音が響いたので、上草履のことを遊女の隠喩として用いることもある。人気の遊女が複数の客をとる「廻《まわ》し」をしていると、ふられることさえ覚悟して待たざるを得ない客は、やはり気が気ではない。座敷で一人寝をしながら、お目当ての遊女の上草履の足音が近づいてくるのを夜が更けるまで辛抱強く待った。とくに「初会《しょかい》」と呼ばれるはじめての登楼客の場合は、遊女に焦らされることが多い。「初会には道草を食う上草履」とは、なかなか来てくれない遊女を待つ客の気持ちを詠んだ川柳である。

江戸時代後期の遊女屋の様子を描いた『吉原遊郭娼家之図』（部分）。髪を整えている遊女は上草履を履いている。部屋の入り口には上草履が並べられているのがわかる。廊下を行く禿は裸足である。

このように、高級遊女が履く上草履は音が響いたため、暁八ツ（午前二時頃）の大《おお》引《ひ》け後は薄い上草履に履き替えたという。

◉──花魁道中での履物

花魁道中での遊女の履物といえば、若《わか》い衆《し》の肩を借りなければ進めないほどの高下駄がよく知られているが、それは江戸時代後期になってからのことである。

初期の吉原では、遊女は道中にも普通の平草履を履いていた。それが、時代が下るとともに、二枚重ね、三枚重ねとだんだん高くなっていった。草履も重ねる枚数が増すとそれだけ高く、そして重くなり、道中に時間がかかるようになったという。

やがて、道中に下駄を履く花魁があらわれるようになり、草履と下駄が併用される時代があった。そして宝暦《ほうれき》（１７５１～１７６４年）頃からは、道中の履物として下駄が定着した。同じ高さであれば、草履よりも下駄のほうが軽いからだった。

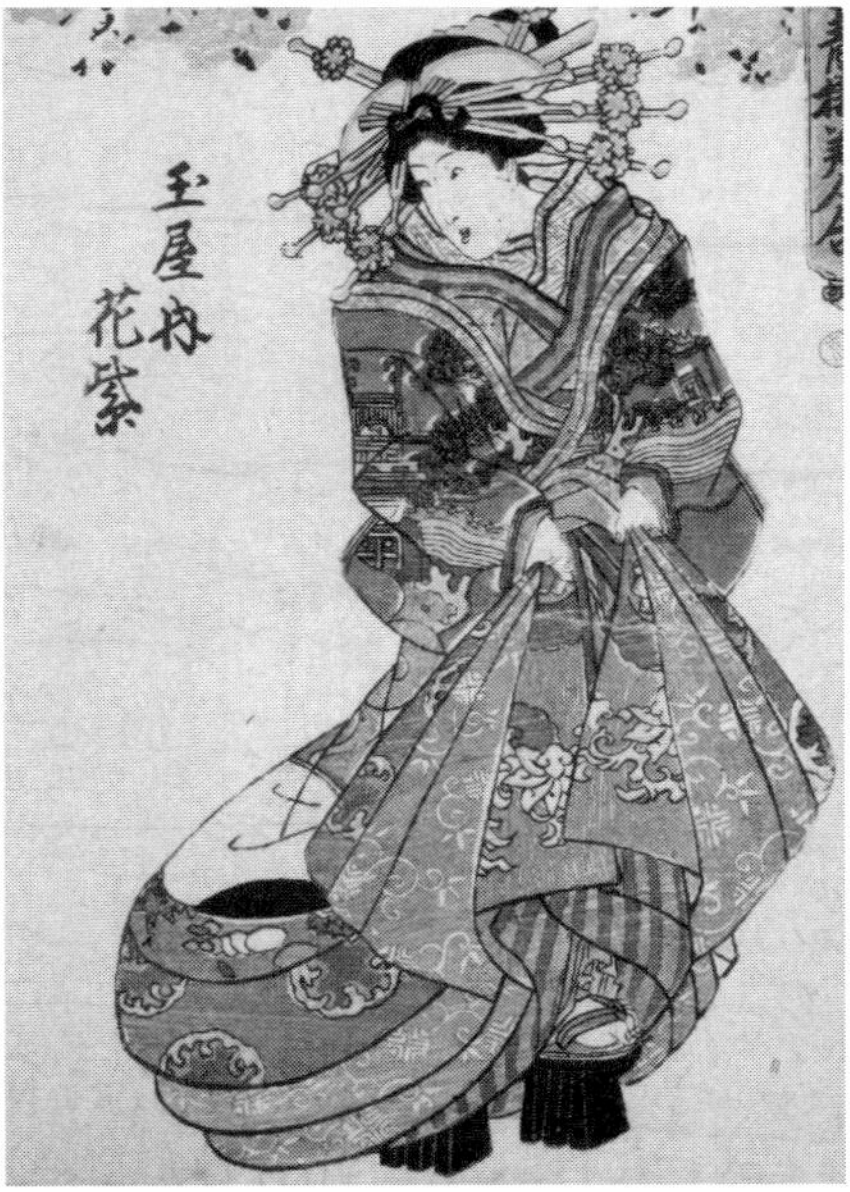

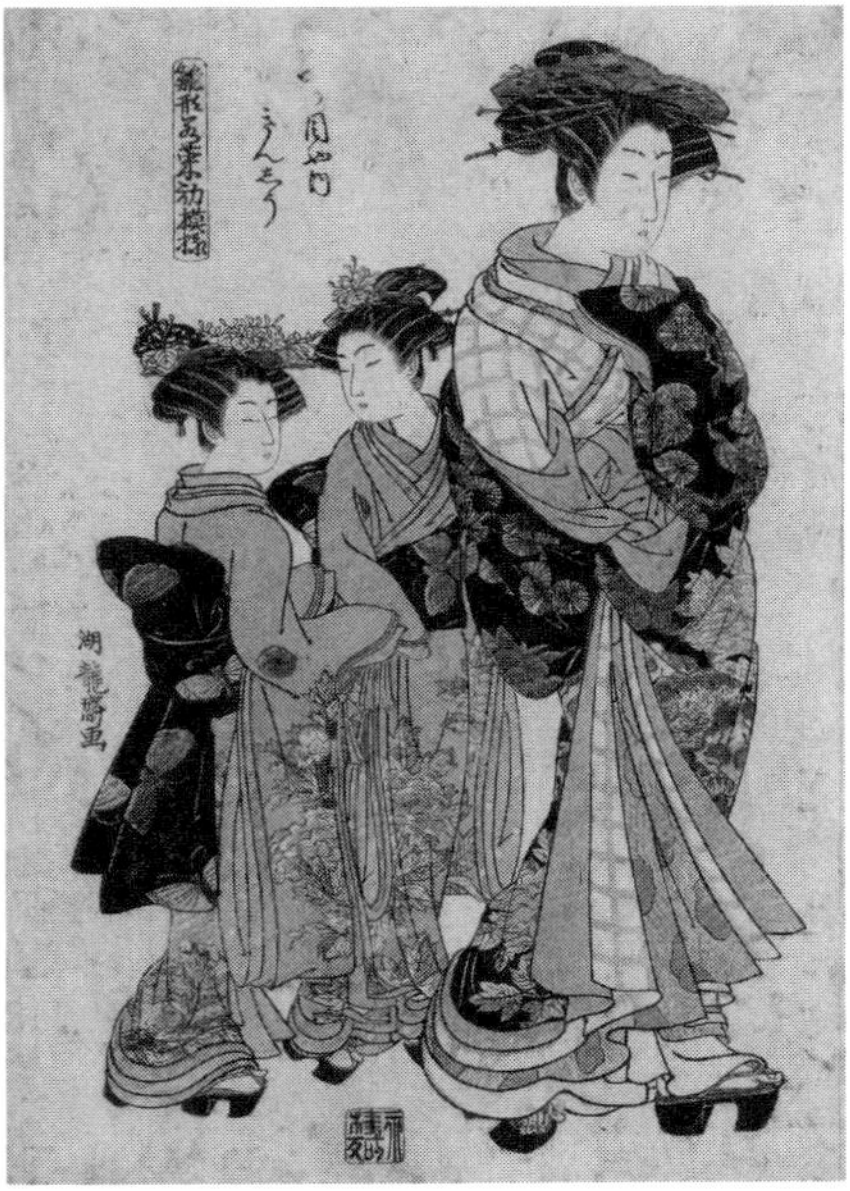

右は安永期（1772 ～ 1781）の遊女の道中（『雛形若菜初模様』）。二枚歯の下駄を履いているが、下駄の高さはそれほど高くなっていない。左は文政期（1818 ～ 1831）の遊女（『青楼美人合　玉屋内花紫』）。歯が三枚になり、右の絵より高い下駄を履いている。

道中に下駄が登場した頃は、二枚歯の下駄で、高さもなかった。それが、いつしか下駄の歯も二枚歯だったものが三枚歯になったが、当初は道中は三枚歯という決まりがあるわけではなかった。

道中の履物が三枚歯の下駄に定着すると、黒塗り畳付きという豪華な仕様へと変貌していき、寛政《かんせい》期（１７８９～１８０１年）頃には、高さが五、六寸（十五から十八センチメートル）もある高下駄が登場することになる。

江戸時代後期、江戸町《えどちょう》一丁目にあった松葉屋《まつばや》という遊女屋では、紋日《もんび》には抱えの遊女たちに昔ながらの草履を履かせて道中を行わせたという。

遊女はどんなものを食べていたか?

下級遊女は粗末な食事を与えられた

遊女たちの衣食住は、一応は遊女屋に保障されている。とはいえ、楼主《ろうしゅ》は吝嗇《りんしょく》である。日々の食事で、楼主が遊女を厚遇することはなかった。食事は基本的には一汁一菜で、ご飯は盛りきり一膳、おかずも野菜の煮物や漬物程度という質素なものだった。これは「満足な食事がしたければ人気の花魁《おいらん》になって客からとれ」という楼主からの酷薄なメッセージであった。もちろん親心からのものではなく、いかに金をかけずに済ませるかという経営的感覚からの言葉である。前夜の宴席の残り物をひそかにとっておいて、翌日の朝食や昼食のときに禿《かむろ》や新造《しんぞ》たちが小鍋で煮て食べることもあったという。

お腹をすかせた妹分の禿や新造たちの面倒は、姉分である花魁が見てやらなければならなかった。

遊女たちはこのような食事の苦労などもともにしながら、その結束を高めていったのかもしれない。

上客を持つ遊女の食事

皮肉なことに楼主のメッセージ通りで、上客をもつ高位の遊女の食事は充実していた。日々の食事にしても、二階の自室に運ばせ、蝶足膳《ちょうあしぜん》に象牙の箸でとった。
夜ごとの華やかな宴席には、所狭しとばかりに台《だい》の物《もの》が並べられた。もちろん、代金は客が支払う。客から祝儀を弾まれている遊女であれは、台屋《だいや》から好きな出前を好きなときにとることもできた。自腹で払うなら、何を食べようと楼主は文句を言わないのだ。

遊女の食事の様子（『玉子の角文字』）。ご飯はお櫃に入っている。おかずは漬物と一皿だけである。

気の利いた泊まり客になると、翌朝には遊女の朝風呂を待って、配下の新造などを引き連れ仲の町の茶屋へ寄り、湯豆腐や朝粥を一同に振る舞ってから帰ったという。泊まり明けに食事をともにしたり、帰りがけに食事代として祝儀を置いていったりするような上客を多くもっている花魁は、結果的に三食すべてが客もちという大変充実した食生活を送ることができた。

遊女の部屋はどうなっていたか？

花魁の部屋は豪華

吉原の遊女屋では、振袖新造《ふりそでしんぞ》など下位の遊女たちは二十畳程度の部屋で雑居していた。ここで寝食をともにしていたのである。

しかし、花魁《おいらん》になると自分の部屋と、客を迎えるための座敷を与えられた。すでに述べたが、座敷を持っている花魁を「座敷持《ざしきもち》」といい、座敷のない花魁を「部屋持《へやもち》」と呼んだ。呼出《よびだし》と昼三《ちゅうさん》は、座敷を複数持っていた。

花魁の自室は、床の間のある八畳から十二畳の部屋である。座敷は「次の間」といわれ、だいたい六畳から八畳程度である。床の間には四季に応じた軸を掛け、折々の花を生けかえた。床脇には碁盤や将棋盤、双六盤、本箱、茶器、香具などが並べられた。また、襖《ふすま》に自分と馴染みの上客との比翼紋《ひよくもん》を配する花魁もいた。部屋の調度品は花魁によってさまざまだが、主に箪笥《たんす》、飾り棚、長持、鏡台、文台、火鉢、煙草盆、屏風、寝具などが置かれている。花魁の品格を示すこれらの調度品は、いずれも高価な品で、一般庶民にはとても手の届かないものばかりであった。

遊女の寝具にも格付けがあった。花魁の寝具は、敷布団が三枚重ねの「三つ布団」で、下級の遊女

遊女部屋で遊ぶ遊女たち（『青楼美人合姿鏡』）。床の間に碁盤、本箱、香具がある。遊女たちがしているのは「投扇興（とうせんきょう）」といって、扇を的に当てる遊び。

は二つ布団である。ちなみに切見世《きりみせ》の遊女は一つ布団であった。裏長屋に住む市井の人たちは敷布団に包まって寝る「柏餅」も珍しくない時代である。吉原の花魁の三つ布団には誰もが憧れた。

高価な三つ布団は、馴染みの富裕客が贈呈した。寝具が贈呈されると、まずは「積《つみ》夜具《やぐ》」といって遊女屋の見世先に飾り、その後吉日を選んで敷き初めをしたという。

また、遊女にとって屏風は必需品である。たとえ部屋持の遊女だとしても、夜中に不寝番《ねずのばん》が行灯《あんどん》の油をつぎに部屋に入ってきたり、禿《かむろ》や若《わか》い衆《し》などが所用で入ってきたりすることがある。部屋には鍵がないため、屏風で囲い、不意に人が入って来ても客との寝姿が見えないようにしたのである。遊女は客と床入りするときに、脱いだ着物や解いた帯をその屏風にかけた。

病気になった遊女はどうなったか？

●病気になった遊女の行く末

苛酷な労働条件の下、不摂生な生活を強いられた遊女たちは、当然体調を崩し病気になる者が多かった。吉原にも医者はいたが、風邪薬を調合する医者と鍼医程度である。しかも、治療費はすべて遊女が自腹で支払わなければならなかった。

吉原で、遊女屋が大急ぎで医者を呼ぶのは、けが人が出た場合や客の急変などであり、遊女の病気のために廓外から医者を呼ぶことはほとんどなく、よほどの売れっ子でもなければ医者など呼んではもらえなかった。

遊女の病欠は遊女屋の経営に直接損失を与えるので、遊女はめったに休むことを許されない。稼ぎのよい遊女の場合は、振袖新造《ふりそでしんぞ》や禿《かむろ》をつけて、浅草今戸《いまと》町や金杉《かなすぎ》村にある遊女屋所有の別荘（寮といった）で療養させることもあったが、それはまれな例である。

しかも、寮で療養できるといっても、その間の食費、日用のまかない、新造や禿の手当てなど、療養中の費用はすべて遊女もちである。また、その間に馴染の客に手紙を出すことも禁じられた。

それでも、療養できるだけましな話で、稼ぎの少ない遊女たちは、たとえ治療を受けたとしても、行灯《あんどん》部屋などの粗末な部屋に転がされ、手厚い看護など望むべくもなかった。稼ぎがなければ薬も買えず、ろくな食事も与えられなかった。

当然、そのまま死亡する者も多かったが、遊女屋がその環境を改善することはなく、吉原ではそれが暗黙の了解として明治時代になっても通用していた。

また、とうてい回復しないと思われる遊女は、遊女屋に置いておくより親許へ返すほうがよいとする楼主《ろうしゅ》もあった。「大門《おおもん》を出る病人は百一つ」という川柳がある。再び全快して、大門をくぐり吉原に戻れる遊女は百人に一人である。または、吉原から出されるほどの病人が助かるのは百人に一人である、という意味であり、いずれにせよ回復することはまれなことだった。

遊女屋の一階の隅のほうにある行灯部屋（『令子洞房』早稲田大学図書館蔵）。稼ぎの悪い遊女は病気になると行灯部屋に入れられた。薄暗く湿った部屋なので、病気が治るわけはなかった。

遊女の性病事情

江戸時代にも性病はあったが、性病予防具のコンドームはなかったし、性病に対する知識も不足していた。そのような環境下で不特定多数の男と性交渉を重ねていたわけだから、遊女が性病に罹患するのは当然の成り行きだった。

「すべて遊女は初年の内に一旦黴瘡《ばいそう》（梅毒）をわずらう」という言葉があったように、ほとんどの遊女はデビューして一年以内に梅毒に感染したという。当時、治療法はなく、漢方薬で痛みを抑えたり、民間療法でごまかすくらいが関の山であった。

梅毒は感染初期に局部に痛みがあり、発熱や関節痛を伴う。さらに病状が進行すると、皮膚に腫瘍があらわれたり、髪の毛が抜け落ちたりして、見た目にもひどいことになる。『世事見聞録《せじけんぶんろく》』（1

COLUMN 遊女と月経

江戸時代には、「月役七日《つきやくなのか》」という言葉があり、月経になると夫婦は最低でも七日間は性交しなかった。しかし、吉原では事情が違う。遊女屋が七日間も遊女を休ませておくはずがなく、二日ほど休ませたあとは仕事につかせたという。

吉原では、月経になった遊女に「鍋炭」というものを飲ませた。鍋炭とは、鍋の底に付着した煤《すす》のことで、これを溶いて飲むことで、月経が早く終わると信じられていたのである。

人間の生理現象でさえ、当時の遊女屋は許さなかったのである。

毎日のように客を相手にする遊女にとって、性病は避けて通れない病気だった。（『絵本手枕』喜多川歌麿）

８１６〔文化13〕）という書には、梅毒にかかり、ろくに看病もされなかった遊女が、首を吊ったり、井戸へ身投げしたり、あるいは喉を突いたりして、自ら命を絶つこともあったと記されている。

梅毒は、しばらくすると潜伏期間に入る。この期間は感染力を持たないので、当時の人々はこれを完治したものと考えた。

そして、いったん治れば、もう二度と罹患しないと信じた。そのため、吉原に入ってくる前に梅毒を経験している女性は、高い値段で買われた。

梅毒予防について吉原が真剣に考えはじめたのは、明治時代も目前の１８６７年（慶応《けいおう》３）のことである。それも、幕府のお雇い外国人の医師の建議によるもので、吉原が自ら進んで行ったわけではなかった。

●——遊客はどう対応したか

客の男たちも、女郎買いをすると性病にかかる恐れがあることはもちろん知っていたが、どうすることもできなかった。

江戸時代後期の『江戸愚俗徒然噺《えどぐぞくつれづればなし》』という随筆に、「危ふき事はたとへてみれば、無挑灯《むちょうちん》にて晦日の夜、犬のくそ新道を通るくらいのものなるべし」という記述がある。遊女と遊んで梅毒にかかる確率は、月の出ていない夜に提灯《ちょうちん》なしで道を歩いて犬の糞を踏みつけるようなものだ、というのである。

当時の人たちは、西洋医学が上陸してくるまでは、遊女遊びに梅毒はつきものくらいにしか思っていなかったのである。

COLUMN 遊女を葬った「投げ込み寺」

遊女が死亡すると、抱え主の菩提寺に葬られることもあったが、それはごく稀で、あとは若《わか》い衆《し》が死体を莚《むしろ》に包んで、大引《おおひ》け（午前二時頃）過ぎに持ち出して、投げ込み寺に運び、文字通り墓地の穴に投げ込んで終わりだった。回向供養はいっさい行われなかった。投げ込んでおけば、あとは寺のほうが処理してくれた。このとき遊女屋は、二百文ほどの小銭を死体に添えたという。

投げ込み寺としては、三《み》ノ輪《わ》の浄閑寺《じょうかんじ》（現在の南千住二丁目）や、浅草の西方寺《さいほうじ》（現在は豊島区西巣鴨に移転）があった。

遊女の妊娠と堕胎

祝福されなかった遊女の妊娠

性病とともに大きな問題だったのが、妊娠である。江戸時代にも避妊具といわれるものはあったが、現代とは比べるべくもない。御簾紙《みすがみ》という薄い和紙を折りたたみ、それを女性器に入れておく程度のもので、効果はほとんどなかった。

当時、朔日丸《ついたちがん》という避妊薬があった。毎月一日に服用すれば、その月に妊娠することはないという触れ込みで、使用する遊女もいたというが、当然その効能はあやしいものである。また、飲めば避妊に利き、服用をやめると妊娠するという天女丸《てんにょがん》という薬もあったが、こちらも眉唾ものである。

また、客との性交で絶頂を迎えると妊娠すると信じら

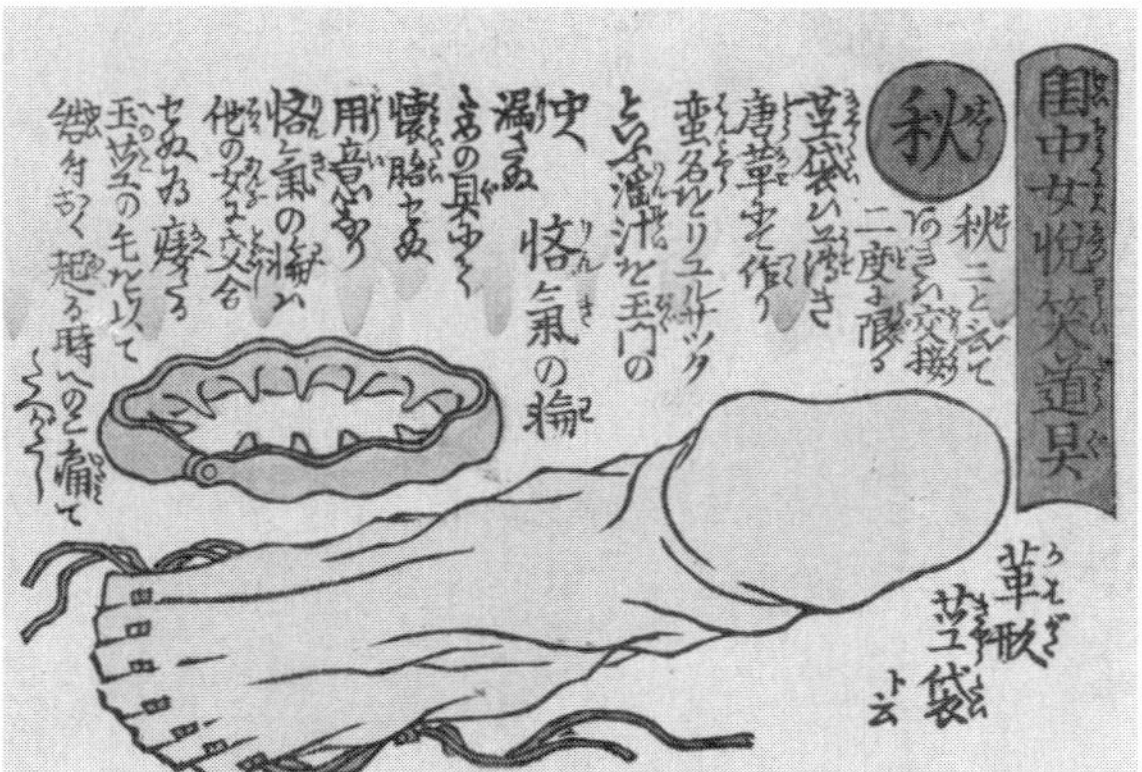

江戸時代にあったコンドーム。動物の皮でできている。高価だったためほとんど需要はなかった（『閨中女悦笑道具』）。

『絵本譬喩節（えほんたとえのふし）』（1797 年〔寛政 9〕）に描かれた中条流医師の家。「中條流」という看板の隣には「朔日丸（ついたちがん）」と書かれた看板が掲げられている。

れていた。そのため、精神的に不感症の遊女が重宝され、遊女屋もそのように遊女を仕込んでいた。

避妊の方法として、性交後に膣内を洗浄するという方法も取られた。吉原では、遊女が使う浴室や便所には、洗浄する場所が設けられていた。

妊娠をした遊女は店に出ることはできないし、商品価値も下がった。そのため、妊娠がわかった遊女は堕胎の道を選ばざるを得ず、江戸で有名な堕胎医だった中条《ちゅうじょう》流の医者を利用した。「仲条はむごったらしい蔵を建て」という川柳が残されているように、中条（仲条）流の医者は、堕胎医療で繁盛したという。中条流が考案した水銀入りの膣座薬は「古血おろし」とか「子腐り薬」などと呼ばれ、流行した。江戸時代では、膣にほおずきや山ゴボウの根を挿入する、水銀を飲む、飛び降り

遊女屋での出産風景。このように出産できる遊女はごくひと握りの売れっ子の遊女に限られた。(『先読三国小女郎』早稲田大学図書館蔵)

る、腹部を圧迫するなどの堕胎法が取られたとされており、吉原内でいずれの方法が用いられたのかは不明だが、どれを取っても危険極まりないことに変わりはない。

こんな粗雑な堕胎法であるから、たとえ堕胎に成功しても体調を崩す遊女は多かったし、最悪の場合は命を落とすこともあった。

全盛の遊女が妊娠したときには、寮で出産させることもあったが、男児であればほぼ里子に出され、女児の場合は禿《かむろ》として育てるケースもあったという。

辻と呼ばれた沖縄の遊廓では、遊女のことをジュリといったが、ジュリの妊娠を祝福する風潮があった。誰の子かわからないケースも多かったが、男児、女児の区別なく、町の子供として大切に育てられたという。ただ、これは沖縄が例外であり、全国どの遊廓でも、遊女の妊娠が祝福されることはなかった。

高級遊女が身に付けていた教養とは？

市井の子女に比べ、遊女の教養は高かった

遊女のなかには、無遠慮に押しかけたり、はしたなく騒いだりする者もいたが、太夫《たゆう》などの高級遊女ともなれば、身のこなしから品があり、さまざまな場面で機知が富んだ。

高級遊女のことを太夫といったが、太夫とは芸能において、とくに歌舞に優れた者のことを称した。遊廓における太夫は美貌であることに加え、あらゆる教養を身に付けなければならなかった。吉原が高価な遊び場所だったのは江戸時代を通じて変わらなかったが、とくに元吉原の頃は顕著であった。吉原を訪れる客は、大身の武士や文化人が多く、そうした身分の人の席に出ても恥ずかしくない教養が必要とされたのである。

江戸中期になると、客層が豪商、町人に移っていくが、豪商ともなると情緒を大事にする風流な客もいたので、遊女の教養は相変わらず大切なものとされた。

遊女屋は、遊女の商品価値を高めるために、教育環境を惜しむことはしなかった。禿《かむろ》には手習いをさせ、読み書きができるよう教育した。女性の識字率が低かった時代に、吉原の遊女たちは、ほぼ全員が読み書きができたのである。

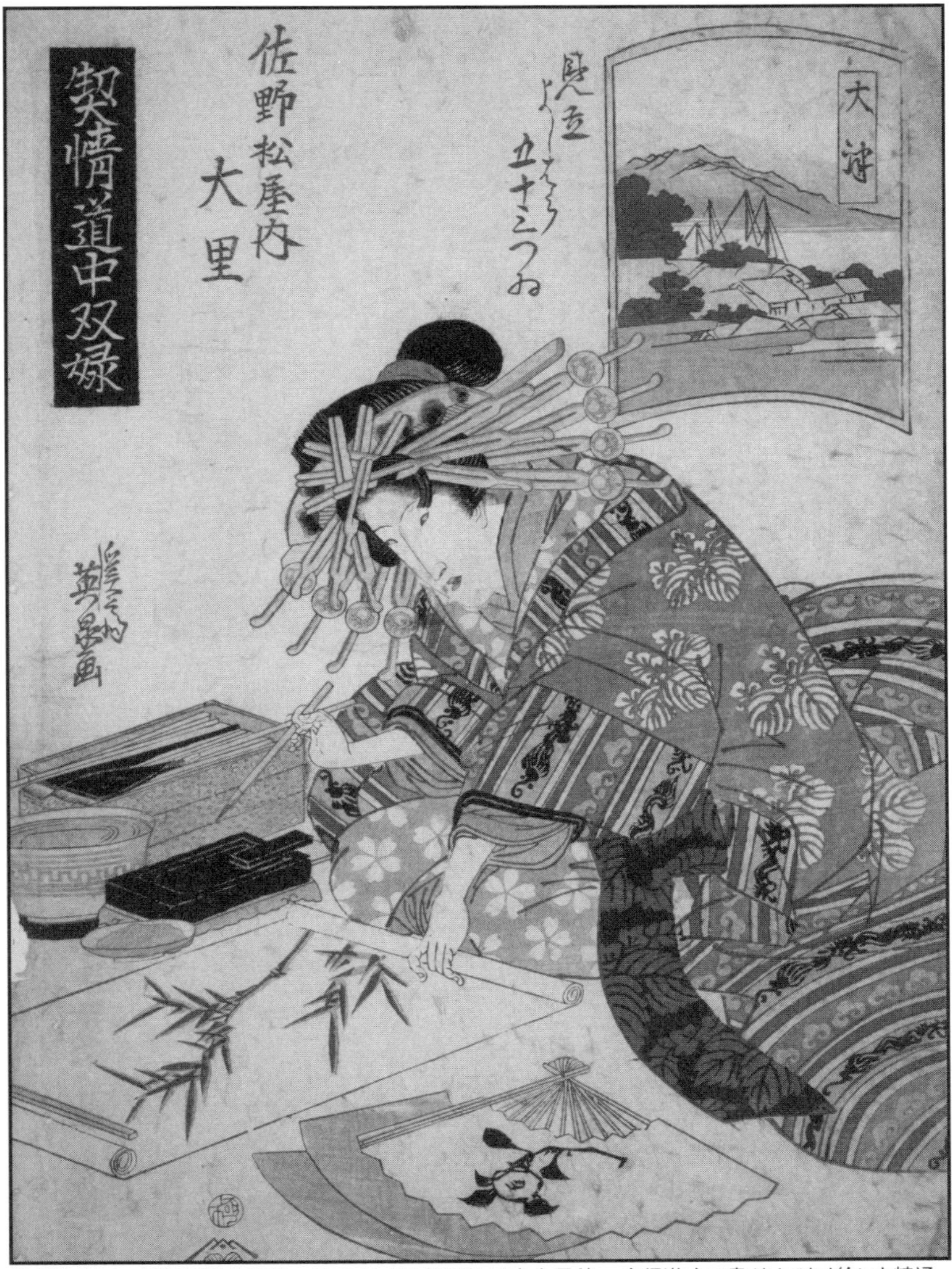

絵を描く遊女（『契情道中双娽　見立よしはら佐野松屋内大里』）。高級遊女は書だけでなく絵にも精通していた。

●あらゆる知識に長けていた上級遊女たち

読み書き以外でも、書道、生け花、茶道、和歌・俳句、琴、三味線、囲碁・将棋に至る師匠を遊女屋に招き、出張教授してもらった。松葉屋《まつばや》の瀬川《せがわ》や五代目高尾《たかお》は、後世に伝えられるほどの能筆家であった。京島原《しまばら》の遊女・八千代《やちよ》の能筆も有名で、八千代流と呼ばれるほどだったといわれている。

書が上手なだけでなく、和歌や俳句にも精通している遊女も多かった。八千代は書だけでなく俳句もたしなみ、松江重頼《まつえしげより》の撰集『懐子《ふところご》』（1660年）には二句入賞するなど、文化人としての側面ももっていた。

八千代に限らず、高級遊女であれば、『源氏物語』や『伊勢物語』に詳しいなど、古典的教養を身に付けている者もいたし、『偐紫田舎源氏《にせむらさきいなかげんじ》』などの読本《よみほん》や合巻《ごうかん》を部屋に置いて愛読していた遊女も多かったという。だからこそ、貸本屋も遊女屋に出入りしていたのである。

松葉屋の瀬川は易道にも詳しく、平沢左内《ひらさわさない》の弟子となって筮《ぼくぜい》を学んでいたといい、部屋に筮竹《ぜいちく》と算木《さんぎ》を置いて毎日占いをしていたといわれている。粧《よそほひ》という遊女は、亀田鵬斎《かめだぼうさい》に詩文を学び、蕋雲《すいうん》という号をもらい、書は書家として著名な中井敬義《なかいたかよし》に師事したといわれており、現在でも、柿本人麻呂《かきのもとのひとまろ》の歌を刻んだ碑文が残されている。

中万字屋《なかまんじや》の玉菊《たまぎく》という遊女は、教養や知識だけでなく、当時の流行にも敏感だった。得意の琴と三味線で、浄瑠璃の河東節《かとうぶし》を上手に奏でたという。遊女が廓外に出ることは難しかったが、市井の流行

俳句を詠む遊女（『契情道中双娽　見立よしはら尾張屋内長登』）。客には文化人も多く、遊女は和歌や俳句もできなければならなかった。

を取り入れることも、遊女の資質といっていいだろう。

山東京伝《さんとうきょうでん》が書いた洒落本の一冊には、遊女の評判が記されており、それぞれの遊女の得意分野が羅列されているが、松葉屋の瀬川の項には、書、茶、和歌、香、琴と書かれている。また、丁子屋《ちょうじや》の唐《から》琴《こと》は琴、香、画、扇屋《おうぎや》の滝川《たきがわ》は茶、琴、香、碁、双六、扇屋の湖光《ここう》は茶、書、琴、三味線、香などと紹介されており、遊女たちが幅広い知識を身に付けていたことがわかる。香は香道のことで、とくに公家が愛好したといわれ、いわゆる京文化といってもいい。双六は、平安時代から続く朝廷の遊びであり、同じく朝廷内で遊ばれていた貝覆《かいおお》い（現代風にいえば神経衰弱）を遊ぶ遊女もいた。

◉——遊女の教養がなくなったとき

「江戸は武家、京は出家、大坂は人」といわれるように、江戸は武家気質で育った都市だった。そのため、吉原の遊女たちも、意地や張りといった男気質な気風が育った。「意地」は現代でも使われる意味とほぼ同じ意味で、自分の意志を貫く強い心をいい、「張り」は他と張り合う勝気な気性のことをいう。「京の女郎に長崎の衣装、江戸の張りをもたせ」という言葉があるように、吉原の遊女の意地と張りは、客からも尊ばれたのである。ただし、こうした広範囲にわたる教養や知識、意地や張りを有していたのは遊女のなかでも太夫クラスの高級遊女であり、宝暦《ほうれき》（１７５１〜１７６４年）以降に太夫が消滅してからは、ここまでの教養を身に付けている遊女はいなくなってしまった。そうして遊女とは別に「女芸者」があらわれるのである。

琴を弾く遊女（『契情道中双娽　見立よしはら倉田屋内文山』）。琴だけでなく三味線なども弾ける遊女もいたが、三味線は芸者任せにすることが多かった。

遊女の逃亡と心中

遊女が逃亡を企てるとき

遊廓は、いってみれば疑似恋愛、疑似結婚の場であったが、遊女と客の男が本気の恋愛関係になることもあった。遊廓には、「間夫《まぶ》」という言葉があった。真の夫という意味で、遊女が本気で愛してしまった男を指す。遊女たちは、間夫に会いたいがために身揚《みあが》りをして時間をつくった。こうした密会を達引《たてひき》と呼んだ。

しかし、遊女の年季明けまでの年月は長いし、身揚りするにも限度がある。男のほうも遊廓通いが続けば金がなくなる。それでも、愛し合う二人は会いたいと願う。こうした状況に追い込まれた二人が、吉原から逃亡をはかることがあった。

遊女の逃亡を「足抜《あしぬき》」とか、「欠け落ち」といった。火事などで、廓外に仮宅営業をしているなら逃亡も簡単だったが、通常営業の吉原からの足抜は困難を極めた。なにしろ吉原の出入り口は大門《おおもん》一つしかなく、そこには四郎兵衛会所《しろべえかいしょ》があり、遊女の出入りに目を光らせていた。さらに、周囲は高い塀で囲まれており、その外側にはお歯黒どぶがある。遊女ひとりで逃げるのは難しいため、たいてい男が手引きした。塀とお歯黒どぶを乗り越えるか、男装して大門を抜けるかである。

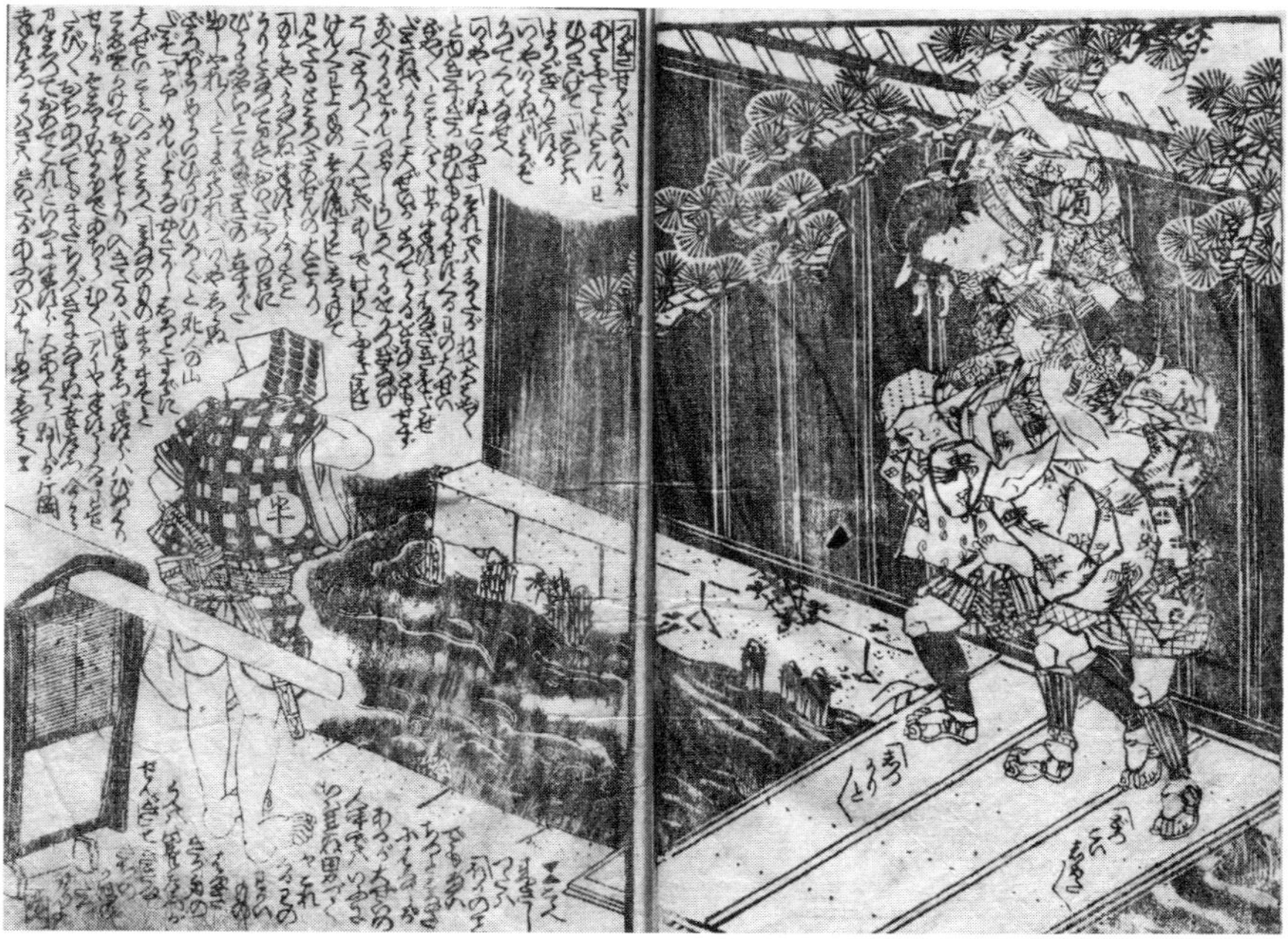

吉原を脱出する遊女。脱出を二 人の男が手伝い、外にはすでに駕籠を待たせている。お歯黒どぶには仮の橋を渡している。(『帯屋於蝶三世談』)

遊女の逃亡の結末

足抜の成功例はほぼなかった。首尾よく吉原を抜け出したとしても、楼主《ろうしゅ》はすぐに追っ手を派遣し、草の根分けても捜し出した。足抜は遊女屋にとっては経営的な打撃であり、ほかの遊女にもしめしがつかないという理由で、遊女の逃亡は絶対に許されない行為であった。

全国的な捜査網など存在しなかった江戸時代だったが、女性が逃げ切るのは至難の業だった。「入り鉄砲と出女」という言葉があるように、江戸幕府は女性が藩外に出ることに神経質だったため、藩外に出るには往来切手が必要だった。女性の場合、藩の許可なしに藩外に出ることは難しかったのである。

遊女が逃げた場合、養父や請人が探すことになるが、逃げた遊女が見つからなければ、彼らの責任となった。そのため、彼らは遊女の身内はもとより、飛脚問屋や旅人屋などにも協力を求めて、必死の捜索が行われたのである。

遊女が捕まった場合、その発生から問題解決までにかかった費用は、遊女の借金として処理された。さらに、年季増しの証文を入れることもあった。

1794年（寛延《かんえん》2）、博多柳町《やなぎまち》の遊女すへが逃亡した。請人の大和屋惣兵衛《やまとやそうべえ》は、すへの兄である藤八《とうはち》に捜索を命令したが、すへは見つからなかった。そのため、すへの残りの年季分を、藤八がすへの身代わりに下人として大和屋で働くことになった。

1785年（天明《てんめい》5）には、京町《きょうまち》二丁目の遊女綾絹《あやぎぬ》が、四千石の旗本・藤枝外記《ふじえだげき》と逃亡をはかった。しかし、遊女屋はすぐに追っ手をはなって綾絹を捜し出し、追いつめられた外記は、綾絹を刀で刺し殺し、自害した。この事件後、藤枝家は改易《かいえき》となった。

◉――御法度だった心中

江戸幕府は、男女の心中を厳しく取り締まっていた。心中で二人ともに死亡した場合でも、二人の死骸は取り捨てとされ、葬式も禁止とされた。

もし一人が生き残った場合は、生存者は下手人として首を斬られた。両人とも生き残った場合は、

心中が失敗して二人ともが生き残った場合、三日間晒し場に晒されたのち、非人の身分に落とされることになっていた（『徳川幕府刑事図譜』）。

三日間晒したうえ、非人の身分に落とした。このように当時の法律は男女の心中に厳しかった。

そして、それは吉原でも同じだった。

遊女屋にとって、遊女の心中は逃亡より大打撃であった。多くは深夜の寝床で、首筋を剃刀で切ったが、遊女を失えば売り上げに直接響くし、悪評が広まれば客足が遠のく。血で汚れた部屋の模様替えにも出費がかさんだ。

そのため、遊女屋側でも心中の気配には敏感で、間夫に対する目も厳しかった。

二人に少しでもその気配があれば、遣手《やりて》や若《わか》い衆《し》が厳重に遊女を監視し、相手の男も登楼させないようにしていた。

遊女と折檻

◉──遊女に加えられた苛烈な折檻

楼主《ろうしゅ》にとって、遊女は自分の儲けを左右する商品であった。楼主は自分の思うままに遊女たちを働かせるため、ときに遊女たちに過酷な折檻を強いることがあった。仮病を使って怠けている遊女や、上客の機嫌を損ねて逃がしてしまった遊女、または遊女屋の言いつけに従わない遊女、さらには稼ぎの悪い遊女が折檻の対象となった。

折檻の方法にはいろいろある。『世事見聞《せじけんぶん》録《ろく》』によると、竹棒で打擲《ちょうちゃく》する折檻や、食事を与えない絶食の折檻、雪隠《せっちん》（トイレ）など不浄な場所の掃除を命じる折檻方法があった。その他にも、腹いっぱいの遊女にさらに食べさせる満腹責めや、裸にした遊女の全身に火のし（アイロンのようなもの）をあてがう折

天井の梁に吊るされた遊女。折檻を行うのは遣手である。このあと煙管やはたきなどで打ち付けられた。（『刑事類纂』）

檻なども行われた。

前述したように、遊女の逃亡や心中は重い罪であったから、見せしめの意味も含めて、駆け落ちや脱廓が発覚した遊女も折檻された。このときの折檻は苛烈だった。遊女を裸にし、口に猿轡《さるぐつわ》をかませ、両手両足を縛って天井から吊るし、竹棒で殴りつけた。これを「ぶりぶり」と呼び、楼主自ら行ったといわれる。

小刀を持った遣手に追いかけられる遊女。これも折檻のひとつといえよう。(『九替十年色地獄』)

遊女屋にとって、遊女は大事な商品でもあるから、体を傷つけるような折檻はまれだったとも言われるが、折檻自体がまったくなかったわけではない。これ以外にも、「いぶし責め」や「ろうそく責め」、「毒虫責め」などの折檻が行われたという記録もある。

また、捕まった遊女だけではなく、逃亡や心中を知っていながら報告しなかった関係者や、遊女の馴染み客まで対象になることもあった。

こうした折檻の挙句、死亡する遊女もいた。遊女が葬られている浄閑寺《じょうかんじ》（182ページコラム参照）には、1743年（寛保《かんぽう》3）から大正年間までの過去帳があり、明治時代からは遊女の死因が記されている。そこには、負傷出血とか絞死、殴死などと記されており、折檻が過ぎて死亡したことが窺える。

とはいえ、遊女屋にとって遊女の死は、なにより遊女屋のイメージに傷がつく事態であり、絶命させるほどの折檻は日常茶飯事というわけではなかった。

第四章

各地の遊廓を見る——公認の遊廓と岡場所

京都島原の遊廓

江戸の吉原より前に公認された京の遊廓

１６７８年（延宝《えんぽう》６）に発刊された『色道大鏡《しきどうおおかがみ》』という遊廓の解説本には、当時、吉原以外に遊廓が全国に二十五カ所あったと書かれている。京や大坂を筆頭に、近江《おうみ》（現在の滋賀県）、大和《やまと》（現在の奈良県）、駿河《するが》（現在の静岡県）、越前《えちぜん》（現在の福井県）、播磨《はりま》（現在の兵庫県）、長門《ながと》（現在の山口県の一部）、筑前《ちくぜん》（現在の福岡県）、肥前《ひぜん》（現在の長崎県）などである。１７７５年（安永《あんえい》４）に来日したオランダ商館付き医師のツンベルグは、「どんなに小さな村でも、大きな都会と同じに公開の遊女屋があった」と記している。

ここでは、当時「京島原《しまばら》の女郎に、江戸吉原の張りを持たせ、長崎丸山《まるやま》の衣裳を着せ、大坂新町《しんまち》の揚屋《あげや》にて遊びたい」と言わしめた三大遊廓のひとつ、京島原の遊廓について見ていく。

島原の遊廓の前身は、「柳《やなぎ》の馬場《ばば》」の遊廓である。１６１７年（元和《げんな》３）に吉原が幕府公認の遊廓となるより前に、すでに公認の遊廓として誕生していた。１５８９年（天正《てんしょう》17）、小田原征伐を間近に控えた豊臣秀吉《とよとみひでよし》が、万里小路二条《までのこうじにじょう》の一画にあった柳の馬場を通った。すると、馬の口を取っていた原三郎左衛門《はらさぶろうざえもん》という男が、洛中に散在する遊女を一カ所に集めて遊女町をつくりたいと申し出た。秀

『色道大鏡』に載っている全国の遊廓

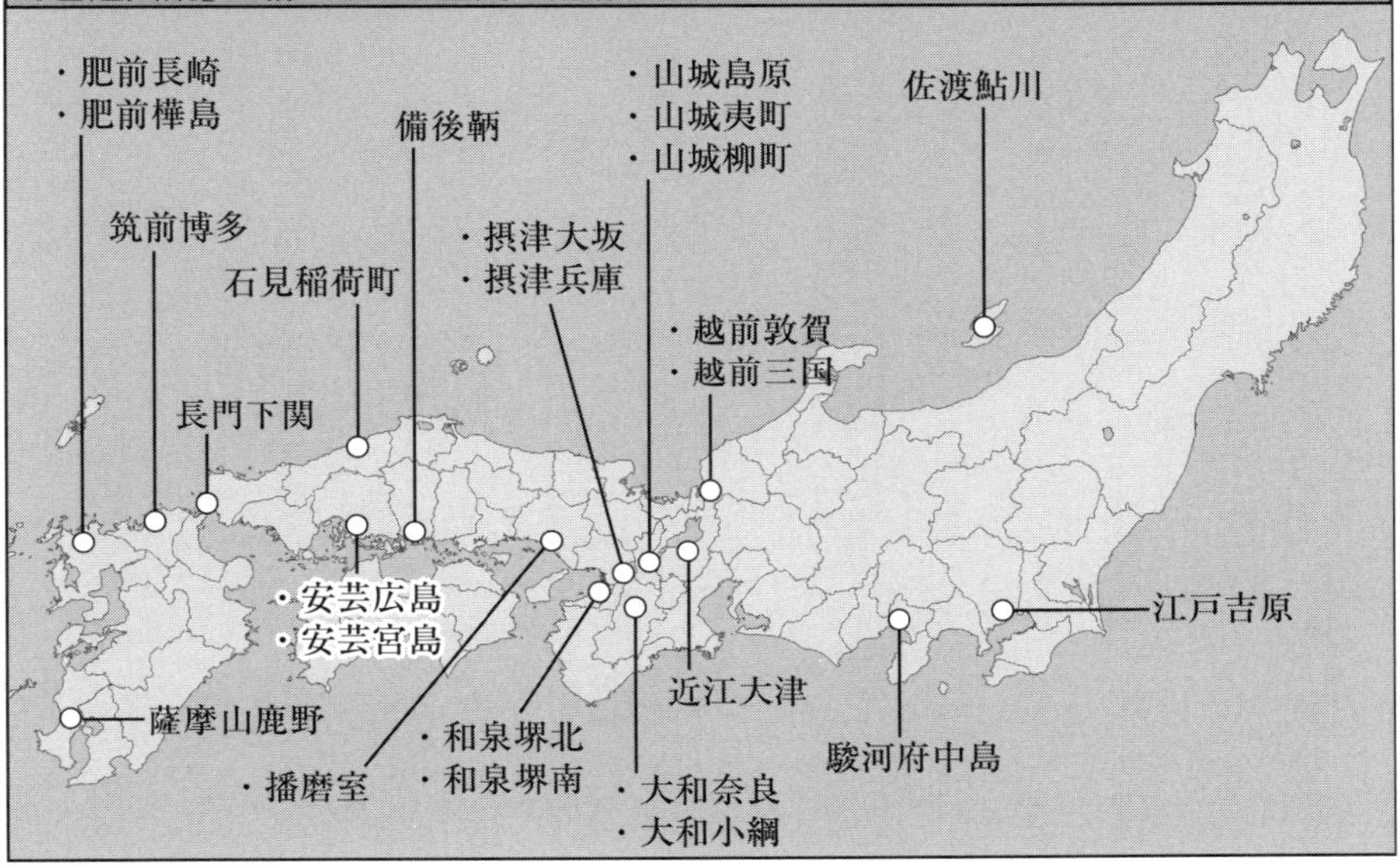

吉は、その四年前に認可を与えていた大坂三郷《さんごう》の遊女町の賑わいを見て、遊女町が武士や兵士たちの心をなぐさめ、さらに経済発展の役割を果たしていることを実感していた。そこで、原三郎左衛門に京にも遊女町を創設するよう命じた。

原は、柳並木を門の柱として遊女町をつくった。「柳の馬場」と呼ばれた遊女町は、秀吉の提案によって店先に格子をはめた部屋をつくり、そこに遊女を並べるようになった。これは、のちに吉原にも受け継がれる「張見世《はりみせ》」の原型である。

原の号令によって急ピッチに進められた京の遊女町づくりは半年後には完成し、1589年（天正17）なかには営業を開始したのだった。柳の馬場は、二条押小路《おしこうじ》南北三丁の間を上、中、下の三町に分けたため、「三筋町《みすじちょう》」とも呼ばれた。慶長《けいちょう》年間

島原遊廓の入り口である大門。吉原遊廓のように、大門を出たすぐ先には柳の木が植えられていた。

（1596〜1615年）初期にあらわれた出雲阿国《いずものおくに》とともに歌舞伎踊を演じたのは、柳の馬場の遊女だったともいう。

◉——江戸時代以降の島原

豊臣政権が倒れ、徳川家康《とくがわいえやす》が覇権を握ったあとも京の遊女町は公認の遊廓として存続し、柳の馬場は三つの町のほかに太夫町、中堂寺町、揚屋町が増えて六つとなり、町域を拡大させた。

そして1640年（寛永《かんえい》17）、御所から離れた朱雀野《すざくの》の一角に所替えとなり、その後「島原遊廓」といわれるようになった。

朱雀野は当時、一面に田畑が広がる未開発地だったが、そこに四万四千平方メートルほどの敷地をもらって遊廓をつくった。

吉原の遊廓にならって四方を囲ったが、吉

京都地域の遊興地

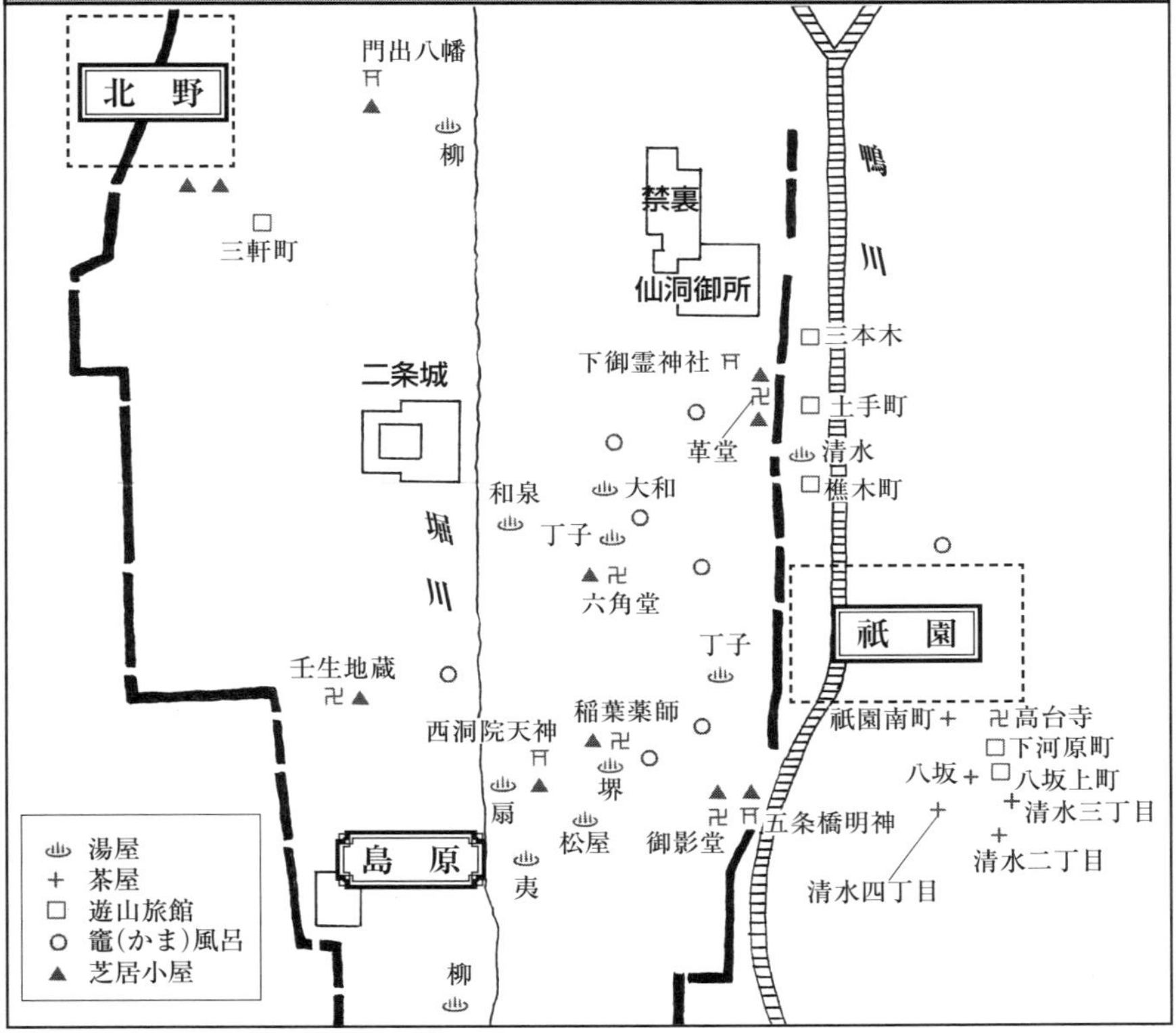

原のお歯黒どぶのような水路はなく、また大門《おおもん》以外にもいくつかの出入り口があった。島原の遊廓は、吉原ほど遊女の外出も厳重ではなかった。

島原遊廓は元禄《げんろく》期（1688〜1704）に最盛期を迎えたが、地理的に不利な場所にあったこともあり、祇園《ぎおん》や北野《きたの》などの非合法の遊女町に取って代わられた。

しかし、島原遊廓がなくなることはなく、明治維新を迎えたあとも遊女町として存続し、昭和の売春防止法成立によって廃業となった。

大坂新町の遊廓

七つの町でできていた遊女町

豊臣秀吉《とよとみひでよし》によって、京都の島原《しまばら》よりも先に公認されていたのが、大坂三郷《さんごう》の遊女町である。1617年（元和《げんな》3）に吉原遊廓開設の許可が出たが、このとき大坂でも吉原遊廓のように廓づくりの遊廓をつくることになった。場所は下博労《しもばくろう》のあたり（現在の大阪市西区新町）で、新たにつくった町ということで「新町《しんまち》」と呼ばれた。

新町の遊廓は七つの町から成り立っていた。入り口である大門《おおもん》をくぐって廓内の中央を横断する通りを「瓢簞町《ひょうたんまち》」という。新町遊廓の立役者である木村又次郎《またじろう》という男の店先に瓢簞が飾ってあったことから名づけられた。この瓢簞は、又次郎がかつて従っていた木村重成《しげなり》から贈られたものだったという。なお、又次郎は新町遊廓の有力者として君臨したが、のちに汚職が発覚し、武士の身分からも落とされて失脚した。

そのほか、佐渡島与三兵衛《さどしまよさひょうえ》が開発した「佐渡島町」、与三兵衛の弟・越後屋太兵衛《えちごやたへえ》がつくった「越後町」、北天満《きたてんま》の吉原の遊女屋が集まってできた「吉原町」、福島新堀《ふくしましんぼり》の遊女屋が移ってきた「新堀町」（当初は代表者の名前からとった「金右衛門《きんえもん》町」といった）、阿波座《あわざ》から移った遊女屋がつくった

大坂新町の内部

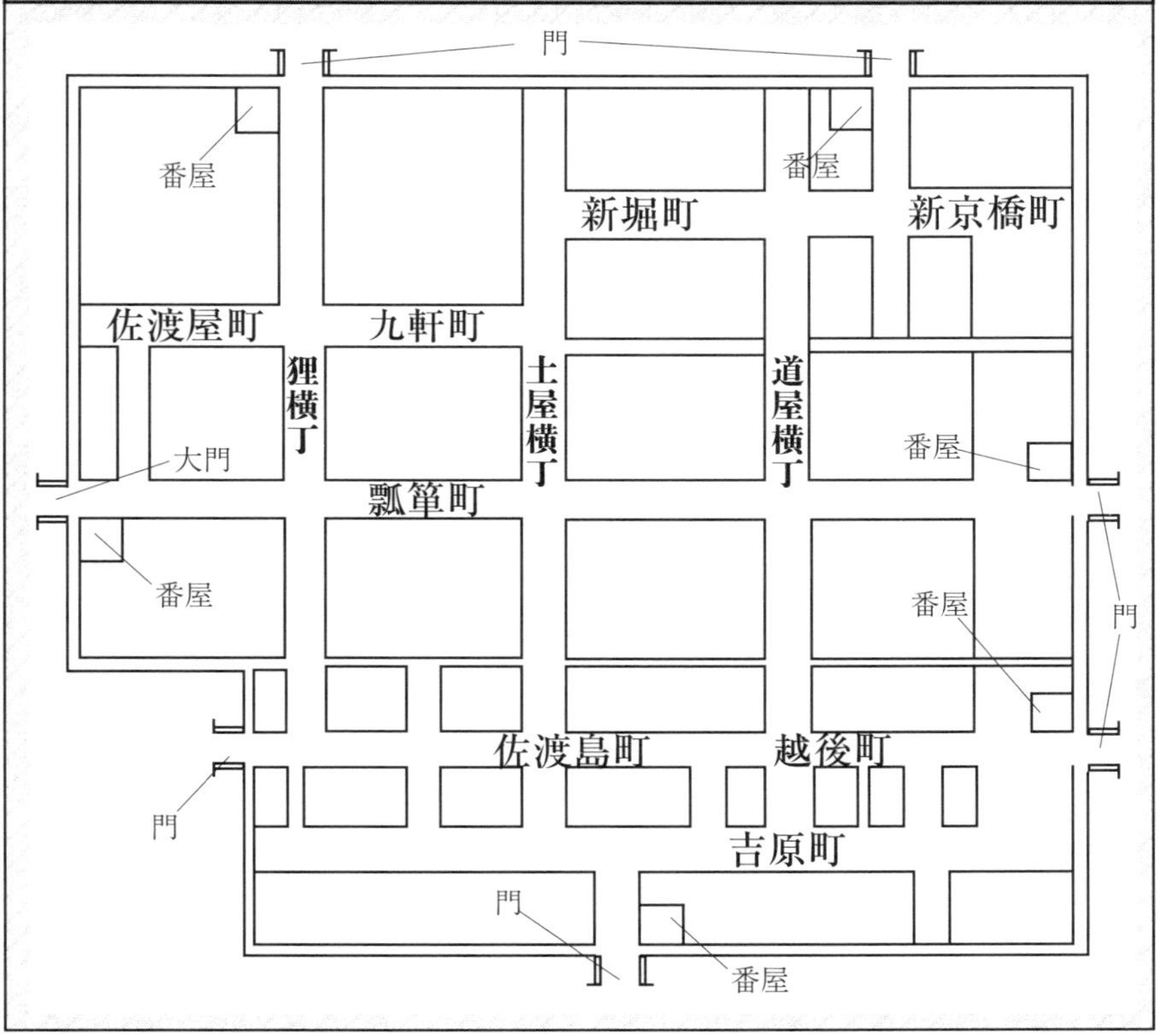

「四郎兵衛《しろべえ》町」（のちの新《しん》京橋《きょうばし》町）、揚屋《あげや》が九軒あった「九軒町」があった。その後、九軒町の隣に佐《さ》渡屋《どや》町ができた。

新町遊廓も、吉原や島原のように廓づくりで、立売堀《いたち》という長堀によって囲まれ、ほかの町とは隔離された。

ただし、吉原や島原とは違い、入り口に柳の木は植えられなかった。

大門をくぐると番屋があるのは吉原と同じで、町内の人間が交代で番を務めた。新町の番屋の権力は大きく、警察権を執

新町遊廓の様子。橋を渡った先に大門があり、その先が遊女町であった。（国際日本文化研究センター蔵）

行して厳しい取り締まりを行ったという。しかし、時代が下るにつれて権威は落ち、江戸時代中期には単なる門番となった。

◉――七つの門と営業時間

新町遊廓には大門のほかに六つの門があった。これは、吉原同様、火災が多かったため、逃げ道をつくったのである。しかし、門が七つもあると取り締まりに弊害があり、1724年（享保《きょうほ》9）の大火で廓内が全焼したあと、門は東西の二つだけになった。

新町遊廓は当初、昼間だけの営業であった。のちに夜の営業も認められたが、宵五ツ半（午後九時頃）には店じまいとなった。

吉原と同様に、夜間の営業が認められたのは1676年（延宝《えんぽう》4）のことだった。

大坂新町、江戸吉原、京島原の三大遊廓の遊女を描いた浮世絵（鳥居清満）。向かって左が新町の遊女で、真ん中が吉原、一番右が島原の遊女である。衣装や髪形などにあまり変わりはないが、吉原の遊女は笄（こうがい）、簪（かんざし）、櫛（くし）を付けている。この絵では、島原と新町の遊女も帯を前で横に結んでいるが、上方では縦に結ぶことも多かったという。

その他の遊廓

衣裳の美しさで有名だった長崎丸山

江戸吉原、京島原《しまばら》、大坂新町《しんまち》の三つを三大遊廓と称したが、そのほかの国にも公認の遊廓は存在していた。その代表格ともいえるのが、肥前《ひぜん》長崎の丸山《まるやま》遊廓である。円山と書くこともある。長崎は、江戸時代を通じて海外との窓口だったので、丸山遊廓にも客として外国人が多く来訪した。

丸山に公認の遊廓ができたのは、１６３９年（寛永《かんえい》16）頃だという。吉原などと同じように、いくつかの町に散在していた遊女屋を一カ所に集めて創設された。

丸山遊廓の特色は、外国人を相手にすることだが、そのため遊女は日本行《にっぽんゆき》、唐人《とうじん》行、阿蘭陀《オランダ》行の三階級に分けられていた。日本行は文字通り、日本人のみを客とする遊女のことで、太夫《たゆう》クラスの遊女だけで構成された。そのため、その数は少なく、延宝《えんぽう》年間（１６７３〜１６８１年）には十名しかいなかった。唐人行は日本人と中国人（当時は清《しん》王朝）を客にとり、阿蘭陀行は日本人とオランダ人を客にとる遊女のことである。幕末になると、ロシア船も長崎に入港するようになり、ロシア人の客も相手にした。

丸山遊廓では、阿蘭陀行は一般的に敬遠される階級だったため、下級遊女で構成されていた。揚代《あげだい》

丸山の遊女（『浅草奥山人形』部分、歌川国芳）。丸山の遊女は衣装の美しさで有名だった。

は日本人の客の二倍以上をふっかけたという。ちなみに、オランダ商館付きの医師として来日したシーボルトは、丸山の遊女・其扇《そのぎ》を現地妻にしている。

吉原や島原と違う点として、丸山の遊女は廓外で営業したことも挙げられる。オランダ人は出島《でじま》に隔離され、その出入りも不自由だったため、遊女は彼らの屋敷まで行く必要があったからである。

中国人も、唐人屋敷といって隔離された場所にいたが、中国人はオランダ人よりも規制がゆるく、丸山まで出向くこともあった。

また、丸山の遊女は衣装の美しさで有名で、その名声は江戸にまで伝わっていた。とくに、正月に着る春衣《しゅんい》は「絵踏衣裳《えぶみいしょう》」といわれ、金襴緞子《きんらんどんす》や総鹿子《そうかのこ》など、豪華な着物で有名だった。

◉吉宗に反抗した尾張藩主が遊廓を創設

1610年（慶長《けいちょう》15）、名古屋城築城のために全国から人夫が集められ、彼らのために徳川家康《とくがわいえやす》が許可したのが、名古屋の遊廓のはじめとされる。そのときは、現在の名古屋市中区錦町あたりにあり、「飛田屋町廓《とびたやちょうくるわ》」と呼ばれた。この遊廓はやがて廃止されたが、1732年（享保《きょうほ》17）、尾張《おわり》藩七代藩主・徳川宗春《むねはる》によって、現在の中川区山王あたりに再び遊廓が開設され、「西小路《にしこうじ》遊廓」と呼ばれた。宗春は時の将軍・徳川吉宗《よしむね》に反発しており、吉宗の倹約政策に反抗して華美・遊芸を好み、贅を尽くした人物である。その後、宗春は「富士見原《ふじみはら》遊廓」（現在の中区上前津一〜二丁目あたり）と「葛町《かずらまち》遊廓」（現在の中区富士見町あたり）もつくったが、幕府の改鋳政策によりインフレが進行したため、わずか六年後の1738年（元文《げんぶん》3）に廃止された。遊廓にいた遊女たちは「百花《ひゃっか》」と呼ばれる街娼となった。名古屋ではその後百年以上、遊廓はなかったが、安政《あんせい》年間（1854〜1859）に、「北野《きたの》新地《しんち》」（現在の中区大須二丁目あたり）という遊廓がつくられた。別称として「旭《あさひ》遊廓」ともいった。

旭遊廓は明治維新後も残り、1923年（大正《たいしょう》12）、現在の中村区日吉町から賑町《にぎわいちょう》までの一帯に移転し「中村《なかむら》遊廓」と呼ばれた。1937年（昭和《しょうわ》12）には遊女屋（当時は貸座敷《かしざしき》と名が変わっていた）百三十八軒、遊女（当時は娼妓《しょうぎ》と呼んだ）は二千人を超えた。

●博多と金沢の遊廓

博多の遊廓の出現は慶長年間（1596〜1615年）と、吉原よりも歴史が古い。京都の柳町《やなぎちょう》遊廓をまねて、博多の遊廓も「柳町遊廓」と称された。博多もまた港町として栄えた町で、柳町遊廓も最盛期には五十軒以上の遊女屋と、千人を超す遊女で賑わった。幕末には高杉晋作《たかすぎしんさく》など、維新の志士

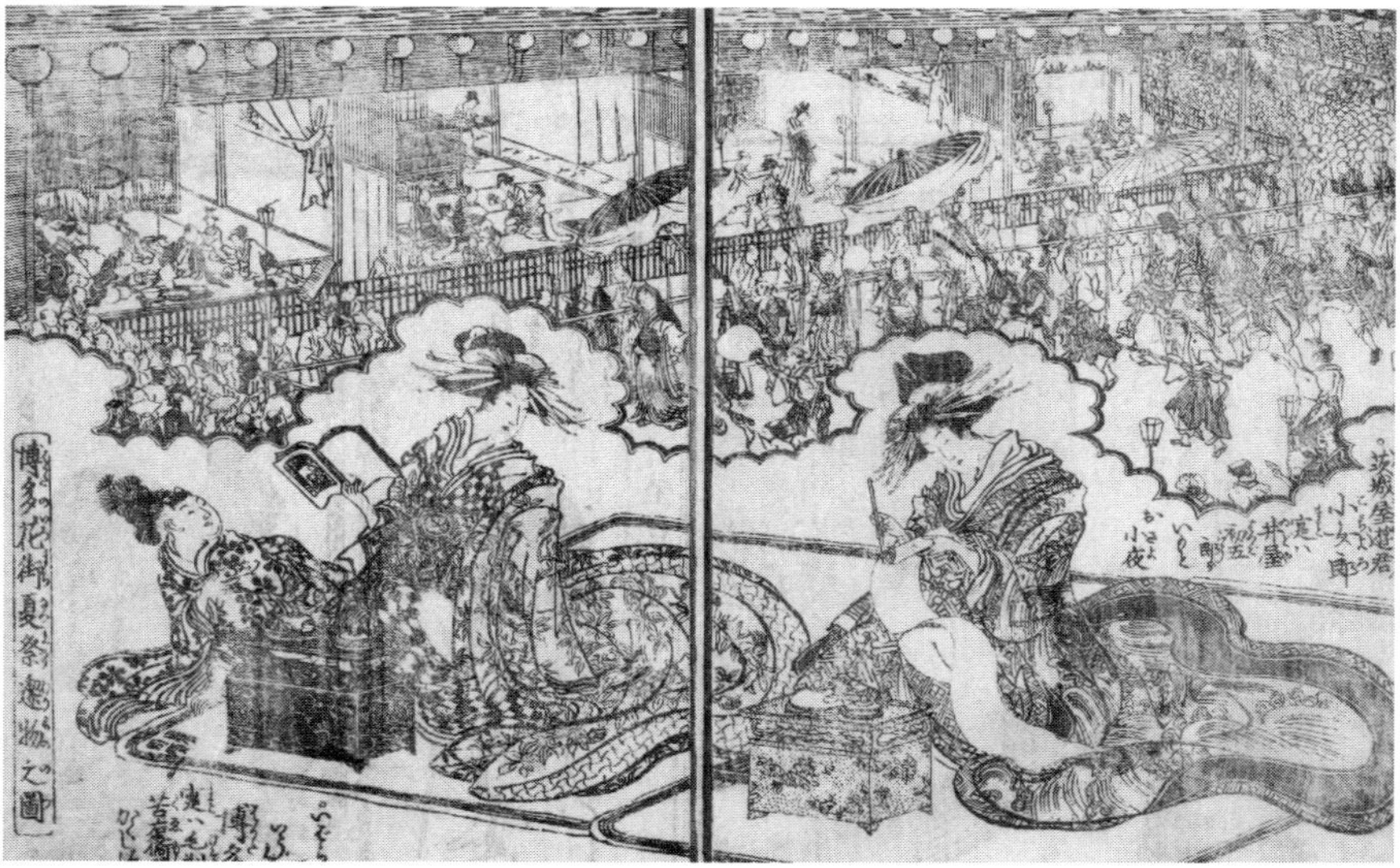

博多柳町の遊女。（『一対男時花歌川』早稲田大学図書館蔵）

たちもよく通ったという。

柳町の遊女のなかでも有名なのが小女郎《こじょろう》という遊女である。これは、近松門左衛門《ちかまつもんざえもん》の浄《じょう》瑠璃《るり》『博多小女郎波枕《はかたこじょろうなみまくら》』のモデルとなったためで、明月《めいげつ》、染衣《そめぎぬ》とともに「柳町三娼伝」と喧伝され、時の人となったという。

柳町遊廓は1909年（明治《めいじ》42）に新柳町に所替えとなり、その歴史に幕を閉じた。

加賀《かが》百万石といわれた加賀国にも遊廓はあった。加賀では遊女屋のことを「出合宿《であいやど》」とか「出合屋」と呼んでいた。出合宿は非合法な遊女屋だったが、藩のたびたびの禁令にもかかわらず発展し、1820年（文政《ぶんせい》3）にようやく公許の遊廓と認められ、「旧東廓《きゅうひがしのくるわ》」と呼ばれた。

旧東廓は四方を囲いで囲まれ、門は二つあった。ここでも遊女の廓外への外出は禁じられた。

遊廓の商売敵、岡場所とは？

◉――江戸市中だけでも八十カ所もあった岡場所

江戸では、遊女町としては公認の吉原が君臨していたが、吉原以外にも多くの遊女町があった。いわゆる非合法な遊女町で、これを「岡場所《おかばしょ》」といった。時代によって相当の変遷はあるが、天保《てんぽう》（1830〜1844年）以前には江戸だけでも四十から八十カ所もの岡場所があったという。

岡場所は当然ながら取り締まりの対象となったが、幕府はこれを根絶やしにしようとはしなかった。吉原で遊ぶにはかなりの金がかかり、一般の庶民は利用できなかったからだろう。また、地理的な条件として、吉原はけっして良好な場所にあったわけではなく、日が暮れてから吉原に行くことができない人々も多くいた。岡場所であれば、吉原に比べて格段に安く、また江戸市中のいたるところにあったので、庶民や下級武士にとっての息抜きの場であった。幕府もそれを承知していたので、ある程度は黙認していたようだ。さらに幕府は、吉原だけでなく深川《ふかがわ》などの岡場所からも税金を徴収していた。幕府にとって岡場所は金のなる木でもあった。

江戸以外にも、私娼が集まった地域はあった。たとえば京都では、祇園新地《ぎおんしんち》、宮川町《みやがわちょう》、先斗町《ぽんとちょう》、北《きた》野《の》七軒《しちけん》、御霊裏《ごりょううら》、二条新地《にじょうしんち》、六波羅《ろくはら》、縄手《なわて》などが岡場所として有名だった。大坂には、曾根崎《そねざき》、島《しま》の内《うち》、坂町《さかちょう》、いろは茶屋、こっぽり（小堀通）、安治川《あじがわ》、柳小路《やなぎこうじ》など三十カ所ほどの岡場所があった。
もちろん、全国の宿場や城下町にもあり、東海道の三島《みしま》宿や岡崎《おかざき》宿、広島の御手洗《みたらい》なども岡場所として繁栄した。

●――江戸にあった代表的な岡場所

†深川

深川はとくに岡場所が多い地域だった。なかでも、仲町《なかちょう》、土橋《どばし》、新地、石場《いしば》、裾継《すそつぎ》、櫓下《やぐらした》、あひる（佃新地《つくだしんち》）の七カ所を「深川七《なな》場所」と呼んだ。現在の永代橋《えいたいばし》から富岡八幡《とみおかはちまん》に至る道の両側一帯にあたる。七場所以外にも、おたび、網打場《あみうちば》、三角屋敷《さんかくやしき》、三十三間堂《さんじゅうさんげんどう》などの岡場所があった。１８３７年（天保8）頃、七場所には遊女四百七十二人、芸者二百六十一人がいたといい、吉原に次ぐ繁栄ぶりだった。

深川の特色として、「呼び出し」という制度があった。客は料理屋に出かけて行って、そこで遊女屋から遊女を呼び寄せる。そして酒宴を楽しんだあと、料理屋の奥座敷で同衾するのである。遊女屋は遊女を置いているだけで、元吉原《もとよしはら》時代の揚屋《あげや》と置屋《おきや》の制度に近いといえよう。深川では料理屋が大いに繁盛したが、その大きな理由がこの呼び出し制にあった。

また、深川では船頭の役割も大きかった。水運が発達していた深川では舟での移動が都合よく、深川の岡場所で遊ぶ客の多くが、舟宿で屋根舟《やねぶね》や猪牙舟《ちょきぶね》を雇い、舟でやってきたのである。船頭は客を料理屋に案内し、遊女や芸者の手配もし、酒宴の場では幇間《ほうかん》のまねもするなど、客の面倒をすべて見

からである。

は、船頭も料理屋の一階にある船頭部屋に泊まった。翌日の朝、客を送り届けなければならなかったからである。

（※右列より）

た。いわば、吉原の引手茶屋《ひきてぢゃや》の役目を、深川では舟宿の船頭がこなしていたわけだ。客が泊まる場合は、船頭も料理屋の一階にある船頭部屋に泊まった。翌日の朝、客を送り届けなければならなかったからである。

†上野山下

上野の山には、徳川家の菩提寺《ぼだいじ》である寛永寺《かんえいじ》があった。山下《やました》は、上野の山のふもとにあった町で、現在の上野駅構内と駅前広場あたりにあたる。山下は寛永寺の火除地であり、本来なら町家を建てることはできなかったが、葦簀《よしず》張りの水茶屋や見世物小屋、楊弓場《ようきゅうば》などが軒を連ね、盛り場として栄えた。これは、いざ出火したときにすぐに取り払うという条件のもと、営業が認められたためであった。

山下の遊女は「けころ」と呼ばれた。その最盛期は安永《あんえい》〜天明《てんめい》期（１７７２〜１７８９年）で、合わせて百七軒の遊女屋があった。けころは「蹴転ばし」の略という。山下の遊女屋は二間（約三・六メートル）間口の二階建てだったから、吉原の大見世《おおみせ》ほどではないが、切見世《きりみせ》よりは広かった。格子戸をあけ放った入り口の半畳の畳に座って、通りを行く男に声をかけた。階段を上ると、二階には襖《ふすま》で仕切られた三畳から四畳くらいの部屋が四、五つ並んでいた。山下の場合、泊まりはなく、一回二百文（吉原の大見世の十分の一）だった。

†根津

古代の頃から神社の門前には遊女が集まってきた。東京都文京区の根津《ねづ》神社の門前も例にもれず岡

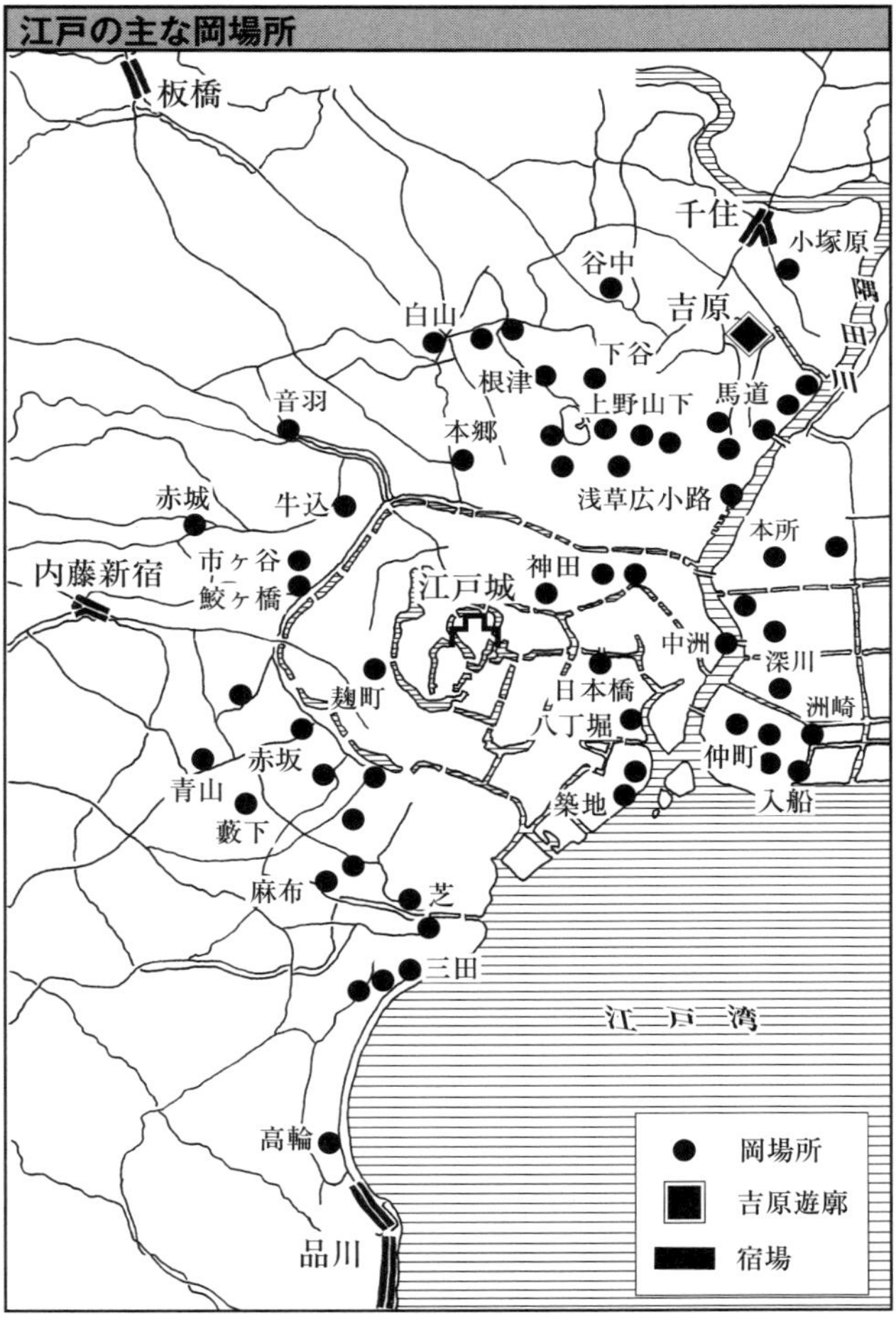

場所として有名である。江戸の中心部に近かったことも手伝って、根津は「岡場第一の遊里」といわれた。

現在の池之端《いけのはた》二丁目あたりから不忍《しのばず》通り沿いに遊女屋が建ち並び、根津神社の境内にも軒を連ねていた。

根津の遊女屋は、吉原で行われる張見世に相当する陰見世《かげみせ》があり、客は土間に立って陰見世の遊女を見立てた。

根津の岡場所は、天保の改革（１８４１～１８４３年）下で行われた徹底的な取り締まりにより、いったん廃絶の憂き目にあったが、１８６８年（慶応《けいおう》４）に復活、明治時代には改めて遊廓として認められた。

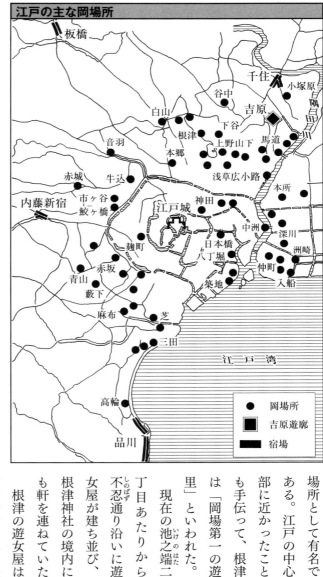

†音羽

文京区大塚五丁目の護国寺《ごこくじ》の門前から神田川《かんだがわ》に突き当たるまでの道を、音羽《おとわ》通りという。江戸時代、この通り沿いに岡場所があった。神社の門前と同様、寺の門前にも遊女たちは集まってきた。護国寺は将軍家の祈願寺でもあったことから繁栄し、音羽の岡場所も賑わった。享保《きょうほ》年間（1716～1736年）の取り締まりにより、音羽の岡場所もいったん消失したが、延享《えんきょう》年間（1744～1748年）に復活し、切見世ができるなど以前に増して繁盛した。

また、寛政期《かんせい》（1789～1801年）頃、深川の岡場所のように、遊女屋から料理屋に遊女を呼び出す「呼び出し」制度がつくられた。呼び出しは金二朱（吉原の小見世《こみせ》と同額）が相場で、切見世の遊女は二百文（金二朱の五分の二）と手頃だったので栄えたが、天保の改革で廃絶した。

†赤坂

現在の東京都港区赤坂一丁目から三丁目一帯（赤坂駅の南側あたり）を、江戸時代は赤坂田町《あかさかたまち》といったが、ここにも岡場所があった。ほかの岡場所と同様、寛政の改革でいったんなくなったが、その後復活し、十軒の四六見世、八十軒近い切見世が軒を並べるなど繁盛した。四六見世とは、小見世と切見世の中間くらいの遊女屋のことである。

赤坂の遊女は俗に「麦飯《ばくはん》」と呼ばれた。吉原の遊女が「米」とすれば、それには劣るから「麦」というわけだ。赤坂の岡場所は明治時代以降も風俗街として賑わい、遊女がいなくなったあとも芸者は残った。彼女たちは「赤坂芸者」と呼ばれ、赤坂は東京を代表する花柳界として繁栄した。

宿場に居た飯盛女とは？

幕府公認の宿場の遊女

1718年（享保《きょうほ》3）、幕府は主要街道の宿場に限り、旅籠《はたご》一軒につき二人の飯盛女《めしもりおんな》を置くことを許した。飯盛女とは、旅人の食事の席に同席してともに遊興し、さらに床の相手もする女性のことである。宿場は、公用の書状や荷物を取り次ぐための人馬を用意しなければならず経費がかさんだため、新たな収入源として、飯盛女を認めたのである。

とくに、江戸の玄関口にあたる品川（東海道）、内藤新宿《ないとうしんじゅく》（甲州街道）、板橋《いたばし》（中山道《なかせんどう》）、千住《せんじゅ》（奥《おう》州道中《しゅうどうちゅう》）の四宿《ししゅく》は経費が莫大だったので、一軒に二人という制限がはずされた。なかでも幕府の公用がもっとも多かった品川宿は1764年（明和《めいわ》1）、宿場全体で五百人の飯盛女を置くことを許された。当時、品川宿には九十三軒の旅籠があったから、一軒平均で五人強の飯盛女を抱えていたことになる。もちろん、旅行者だけでなく、近隣の男たちも利用した。

†品川

東海道の一番目の宿駅として繁栄した品川には、東海道の両側に多くの旅籠が軒を連ねていた。

品川は、『品川細見《さいけん》』という『吉原細見』を真似た本が売られるほど人気があり、吉原に次ぐ格式をほこった。1852年（嘉永《かえい》5）の『品川細見』によると、高級遊女の揚代《あげだい》が銀十匁《もんめ》で、幕末の換算率でいうと約千文となる。吉原の小見世より、やや高い値段である。次が金二朱（約七百八十文）の遊女で、小見世と同額であった。そのほか、四百文から六百文の遊女もおり、吉原の切見世女郎（相場は百文）よりも高額だった。

†内藤新宿

甲州街道の最初の宿場である内藤新宿にも、ほかの宿場よりも多い飯盛女が許可され（定員百五十人）、甲州街道（現在の新宿御苑前駅の前を通る新宿通り）沿いに遊女屋を兼ねた旅籠が軒を連ねていた。歌川広重《うたがわひろしげ》が描いた『名所江戸百景』のなかに「四ツ谷内藤新宿」という作品がある。そこには「すおくや」「市川」という旅籠が描かれており、「すおくや」の前では、飯盛女に見送られる男の姿が描かれている。

内藤新宿の飯盛女の定員は百五十人だったが、最盛期には定員をはるかに上回る五百人を数え、千住や板橋とは比べものにならない繁栄を遂げた。しかし、「吉原は蝶　新宿は虻が舞ひ」という川柳が詠まれたように、吉原はもちろん品川や深川などよりも品格は劣っていたという評判だった。

†千住

日光・奥州道中の最初の宿場が千住である。古川古松軒《ふるかわこしょうけん》という江戸中期の地理学者が書いた『東遊《とうゆう》雑記《ざっき》』という書に、千住宿について、「ゆきゆきの人も多く、娼家もあまたあり、賑々《にぎにぎ》しい駅である」と書かれている。千住宿には１８２４年（文政《ぶんせい》７）に二十八軒、１８３１年（天保《てんぽう》２）には三十二軒の旅籠という名の遊女屋があった。飯盛女の数は、内藤新宿と同様、定員は百五十人と決められていたが、その倍はいたと考えられている。

千住宿の飯盛女の揚代は、ほとんどが昼間六百文、夜が四百文で、品川よりも割安だった。千住宿の一部である小塚原《こづかはら》町には、「コツ」と呼ばれた千住とは別の岡場所があった。現在も「コツ通り」として名を残している。１８２４年（文政７）には十五軒の遊女屋があり、値段は千住宿の遊女と同じだった。手軽に遊べることから庶民の間で人気があったという。

コツは吉原から近かったため、吉原の遊女屋の若《わか》い衆《し》はもっぱらコツで遊んだ。若い衆は、自分が働く遊女屋の遊女と関係することは固く禁じられていたし、吉原内では顔も知られていたため、コツに通ったのである。

†板橋

板橋宿は中山道の最初の宿場である。加藤玄悦《げんえつ》という江戸時代後期の医者が書いた随筆に、１８２２年（文政５）の板橋宿の様子として、「飯盛旅籠屋十八軒。千代本、吉田屋、岡田屋などを先とす。いずれも賤婦の世界なれば入来る客もまたいやしく、博打徒多く入り込み、盗賊また多し。よって与力同心、昼夜往来して、かの岡っ引きといえるもの充満して威を振るう」と書かれている。板橋宿は、江戸四宿のなかでももっともガラが悪いとされており、遊女屋の格も低かったのである。

その他の私娼

銭湯を風俗産業化した「湯女風呂」

男性人口が爆発的に増えた江戸時代初期の江戸では、性風俗産業が成長産業となった。なかでもめざましく繁盛したのが銭湯であった。銭湯の開業のはじめは、１５９１年（天正《てんしょう》19）とされる。伊勢《いせ》与市《よいち》という町人が、銭瓶《ぜにかめ》橋（今の丸の内一丁目あたり）のたもとに第一号の銭湯を開業すると評判となり、その後各所に建てられるようになった。

そして、二十年以上も過ぎた慶長《けいちょう》末期（１６１０年代初め）頃、銭湯の営業方針が変わった。それまでの銭湯とは違い、湯女《ゆな》をたくさんそろえ、風俗営業化したのである。湯女とは、風呂にやってきた男の体を洗う女性のことである。こうした銭湯は「湯女風呂」といわれ、夜になると風呂屋から飲み屋へ変わり、湯女たちも身ぎれいに装って酒宴に侍り、さらには夜の相手もつとめるようになった。

一方、娼家も、麹町《こうじまち》や鎌倉河岸《かまくらかし》、常盤橋《ときわばし》内の柳町《やなぎちょう》（今の丸の内あたり）などに十数軒ほどが集まって営業しており、こちらも多くの男客を集めて盛況だった。

幕府はこうした状況を黙認し、湯女風呂や娼家を格別に取り締まることはなく、湯女風呂と娼家は

湯女風呂（『守貞漫稿』）。一階が銭湯で、二階が宴会場になっていた。湯女は一階で客の背中を流したあと、着替えてから二階に上がり、酌の相手から床の相手までこなした。

ともに江戸の経済的な成長をになったのである。

娼家と湯女風呂の共存共栄が壊れるのは、柳町の娼家の主人だった庄司甚内《しょうじじんない》らが吉原遊廓を開設したことであった。吉原にはさまざまな格式があり、開設直後の吉原では直接遊女屋で遊女を買うわけにはいかず、必ず揚屋《あげや》をとおして遊女を買わなければならなかった。

そのため、吉原遊びには金がかかった。人形町《にんぎょうちょう》周辺に吉原があった頃は、かなりの身分以上の武士や大金持ちの町人が出入りしただけで、一般の町人や身分の低い武士には高嶺の花であった。

そこへいくと、湯女風呂には特別なしきたりもなく、値段も安かったため、吉原に出入りできないような若侍や商人、職人などは湯女風呂へ行った。なにより、元吉原時代の遊廓は夜間の営業が禁じられていたことが大きかった。そのため、江戸っ子は夜でも遊べる湯女風呂屋を愛好し、吉原も仕方なく黙認していた。

しかし1657年（明暦《めいれき》3）、吉原が人形町から千束《せんぞく》村に移転することになった。幕府は移転をしぶる吉原を懐柔するために、湯女風呂禁止令を出した。このときの取り締まりは徹底しており、江戸中の湯女風呂は廃業に追い込まれたのである。

◉――地面に筵を敷いて営業した「夜鷹」

夜鷹《よたか》は物陰で、地面に筵《むしろ》を敷いて商売を行う最下級の街娼である。岡場所や宿場の旅籠《はたご》、深川《ふかがわ》や本《ほん》所《じょ》などの岡場所《おかばしょ》で通用しなくなり、食べていくためにやむなく路上に立つようになった女性が夜鷹になることが多く、そのため年齢は高めだった。

夜鷹の揚代《あげだい》は俗にそば一杯の値段と同じといわれ、十六文から二十四文という破格の値段だった（吉原の大見世《おおみせ》の遊女は、夜鷹の三百倍以上の値段である）。

江戸後期には、江戸に四千人くら

『守貞漫稿』に載っている夜鷹の挿絵。吉原の遊女のように帯を前で結んでいる。

いの夜鷹がいたというが、夜鷹は非合法の私娼であり、天保《てんぽう》の改革（1841～1843年）で取り締まられた。しかし、幕府の取り締まりは徹底さを欠き、夜鷹がいなくなることはなかった。

『江戸繁盛記』という江戸後期の随筆には、「本所《ほんじょ》の吉田坊《よしだちょう》なる者は、夜発（夜鷹のこと）の巣なり」という記述があり、本所吉田町の裏長屋に多数の夜鷹が住んでいたことを記している。

夜鷹の営業時間は夜である。日が落ちる暮れ六ツ（午後六時頃）頃に筵をかかえて吉田町から江戸市中に向かい、暗がりから道行く男に声をかけた。野外で商売するため、牛《ぎゅう》（妓夫《ぎゆう》）と呼ばれる用心棒が付き添っていたが、これはたいていは夫である。夫が妻に売春をさせ、それを見守っていたのである。

◉――さまざまな呼び名があった私娼たち

江戸にはそのほかにも、さまざまな私娼がいた。踊子や芸者はそのなかでも、吉原の遊女と張り合える存在だった。たとえば、1833年（天保4）、私娼が一斉に検挙された。このとき、捕らえられた私娼は吉原に送られ、吉原の遊女屋に入札されたのだが、いさという芸者は七十両十二匁（八百万円以上）という破格の高値で落札されている。

一方で、遊女とは張り合えないような私娼も大勢いた。たとえば、寺社の境内で客を待ち構えていた「山猫《やまねこ》」、カマドを祓い清める巫女《みこ》である竈払《かまどばら》いの姿をそっくりまねて売春をした「竈払い」、表向きは綿を摘んで延ばす仕事をしている「綿摘《わたつ》み」、本郷などへんぴな畑で五十文で身売りした

小舟で商売する「舟饅頭」（『川柳語彙』）。艪を漕いでいるのは、夜鷹と同じく妓夫であり、たいていは夫である。

「五十蔵《ごじゅうぞう》」、小舟に客を乗せて大川（隅田川）を一回りする間に身売りした「舟饅頭《ふなまんじゅう》」、月極めで約束する「囲い妾《かこいめかけ》」などが代表的である。

当時の吉原には、江戸市中の私娼を捕らえられる権限があり、捕えた私娼は期限付きでただ働きさせることができた。しかし、吉原は彼女たちを捕らえることはなかった。彼女たちが遊女と張り合えるような存在ではなかったからだ。

幕府にしても、江戸に暮らしていた男の性的需要には、吉原だけでは間に合わないことを理解しており、私娼を壊滅させるような手は打たなかった。とくに安価な夜鷹や舟饅頭は、天保の改革のときも徹底的には取り締まられなかった。

終章

明治維新で吉原はどうなったか——吉原のその後

維新政府による娼妓解放令

◉——遊廓を禁止しなかった明治新政府

江戸幕府が倒れ、明治新政府になると、吉原にも変革の風が吹きはじめた。当初、新政府は吉原について問題視していなかった。1868年（明治1）、新政府は吉原の遊女屋に対して、「吉原町は遊女の揚代《あげだい》の取揚高《とりあげだか》の一割」を、これまでどおり政府に上納せよと通達している。

しかし、外国の価値観を次々と取り入れていった新政府は、遊女の解放を模索するようになった。1872年（明治5）六月、日本とペルーとの間で、清《しん》国の奴隷をめぐる国際紛争問題が起こった。この裁判のなかで、ペルー側の弁護士が、日本はペルーの奴隷に反対をしているが、日本には遊女という奴隷がいると指摘した。当時の新政府内で遊女の解放は既定路線であったが、国際問題として指摘されたため、早めに手を打つことになった。同年十月には、芸娼妓解放令《げいしょうぎかいほうれい》が公布された。そこでは、遊女の年季奉公は実質の人身売買であるから禁止する旨と、遊女に科せられた借金はすべて棒引きにすることが通達された。このとき、吉原で遊女屋を廃業したのが百八十九店、遊女は三千四百四十八名が解放されたという。しかし、これは列強を懐柔するための方便でもあった。事実、政府は遊女屋が貸座敷《かしざしき》と名を改めて鑑札《かんさつ》（政府が公認する営業権所有を示す証書）を受けることで存続を認めたの

明治時代初期の貸座敷の娼妓たち。江戸時代の遊女屋と遊女が名を変えただけである。

である。また、遊女も鑑札を受ければ活動することを許可した。

つまり、遊女が自らの意思で貸座敷（遊女屋）に場所を借りて営業するという形態に変わっただけだった。もちろんそれは建前で、遊女の意思は尊重されなかった。

さらに翌年になると、遊女の増加が風俗倫理を乱すという理由で、貸座敷を吉原、品川、新宿、板橋、千住の五カ所に限定した。結局のところ、公許の遊廓に逆戻りしたのである。そして、不況下では、貧困に耐えかねた親が娘を身売りするという人身売買が、相変わらず続いていた。

１８８７年（明治20）には、遊女の稼業制限が三年以内に決められ、再度の就業願いに対しても六年以上は続けられないとする規定が設けられた。これは、遊女屋に束縛されていた遊女たちにとって朗報となったものの、四年後には業者の反発によって撤廃された。

遊女の自由廃業と売春禁止法

戦後の吉原と業界の変遷

明治時代になっても遊廓と遊女（貸座敷《かしざしき》と娼妓《しょうぎ》）は存続したが、列強のキリスト教的な倫理観が入り込んだことで、遊女に対する差別が生まれるようになり、やがて遊女自身が自由廃業を求めるようになった。１８９９年（明治32）に名古屋の遊女ふでが裁判を起こし、自由廃業を勝ち取った。その翌年には吉原でも自由廃業を勝ち取る遊女があらわれ、ついに政府は「娼妓取締規則」を制定し、遊女の自由廃業を公式に認めた。これにより、自由廃業する遊女が続出し、１９００年（明治33）には九月から十二月までの四カ月間に六百十八人の遊女が自由廃業した。そして１９０９年（明治42）までに二千五百五十九人もの遊女が廃業したのである。

だからといって、遊廓がなくなったわけではなかった。１９２６年（大正15）の段階で、吉原には貸座敷が二千二百九十四軒もあり、引手茶屋は四十三軒、遊女は二千五十七名を数えた。

また、私娼も減らなかった。私娼は取り締まりの対象となっていたから、私娼を抱える遊女屋も大々的には商売ができない。そのため、「揚弓処《ようきゅうどころ》」や「碁会所《ごかいしょ》」、「銘酒屋《めいしゅや》」といった看板を掲げて、秘密裏に商売をしていた。困窮者による身売りも後を絶たず、たとえば１９３４年（昭和９）の山形県の調査によると、身売りされた女性三千二百九十八名のうち、遊女になった女性が千四百二十名もいたという。昭和に入ったというのに、これが現実だった。

その後、国際連盟が公娼問題を議題に挙げたため、日本でも廃娼運動がわき上がったが、国内が戦時体制一色になると、それも下火になっていった。

敗戦後も、政府は公娼制度をやめなかった。進駐してきた占領軍のために、政府はＲＡＡ（国際親善協会）という売春組織を発足させたのである。

１９４６年（昭和21）、政府はＧＨＱの声明にしたがい再び「娼妓取締規則」を制定し、制度上は公娼を禁止した。しかし、警視庁は法令が発布される前に業者に情報を流し、それを受けた吉原の楼主たちは、自ら公娼廃止を申し出て、遊女たちの年季証文も破棄した。つまり、公娼ではなく、接待所で私娼が自由営業するという建前で営業を続けたのだ。翌年、吉原は特殊飲食店街と改称し、新たな売春体制のもと再出発したのである。これが、いわゆる赤線である。

さらに、非公認の業者が並ぶ青線、飲食店の女性が個人的に営業する白線、ヤクザなどが背後で手を引く悪質な黒線といったものも出てきて、公娼制が廃止された結果、多種多様な風俗業が跋扈《ばっこ》する時代となった。

国会に売春対策審議会が設置されたのは、１９５６年（昭和31）になってからのことである。ここまでに至る過程で、超党派の女性議員や日本キリスト教婦人矯風会《きょうふうかい》、促進会といった売春反対派の運動があった。その結果、同年五月に「売春防止法」が成立し、二年後に本格施行された。吉原は、元吉原から続く三百四十年の歴史に終止符を打った。

●参考文献

『吉原』石井良助（中央公論社）
『江戸吉原図聚』三谷一馬（中央公論新社）
『遊女の江戸』下山弘（中央公論社）
『遊女　その歴史と哀歓』北小路健（新人物往来社）
『歴史の中の遊女・被差別民』（新人物往来社）
『別冊歴史読本　江戸なんでもランキング』（新人物往来社）
『日本史小百科　遊女』西山松之助・編（東京堂出版）
『浮世絵に見る江戸吉原』佐藤要人・監修（河出書房新社）
『遊女の生活〈増補〉』中野栄三（雄山閣）
『日本風俗史』日本風俗史編集部・編（雄山閣）
『江戸の遊女』石井良助（明石書店）
『江戸のフーゾク万華鏡』永井義男（日本文芸社）
『江戸の色ごと仕置帳』丹野顯（集英社）
『お江戸吉原ものしり帖』北村鮭彦（新潮社）
『吉原ものがたり』白倉敬彦（学習研究社）
『図説吉原入門』永井義男（学習研究社）
『女性芸能の源流』脇田晴子（ＫＡＤＯＫＡＷＡ）
『近世に生きる女たち』福岡地方史研究会・編（海鳥社）
『日本遊里史』上村行彰（藤森書店）
『吉原と島原』小野武雄（講談社）
『江戸遊里盛衰記』渡辺憲司（講談社）
『フーゾクの日本史』岩永文夫（講談社）
『吉原はこんな所でございました』福田利子（筑摩書房）
『江戸三〇〇年吉原のしきたり』渡辺憲司（青春出版社）
『川柳吉原風俗絵図』佐藤要人・編（至文堂）
『遊廓の世界』中村芝鶴（評論社）
『近世風俗誌』（岩波書店）
『日本の文学と遊女』西尾邦夫（愛育出版）
『日本女性生活史』女性史総合研究会・編（東京大学出版会）
『お江戸吉原草紙』田中夏織（原書房）
『遊女の社会史』今西一（有志舎）
『吉原という異界』塩見鮮一郎（現代書館）
『江戸の盛り場』海野弘（青土社）
『ポンペ日本滞在見聞記』沼田次郎・荒瀬進翻訳（雄松堂書店）

【監修】
安藤優一郎（あんどう・ゆういちろう）

1965年生まれ。歴史家。文学博士（早稲田大学）。江戸をテーマとする執筆・講演活動を展開。JR東日本大人の休日・ジパング倶楽部「趣味の会」、東京理科大学生涯学習センター、NHK文化センターなど生涯学習講座の講師を務める。主な著書に『江戸・東京の歴史と地理』（日本実業出版社）、『幕末維新　消された歴史』（日経文芸文庫）、『「関ヶ原合戦」の不都合な真実』（PHP文庫）など。

著者：水野大樹、栗本英志（新撰社）、槙野裕一朗
カバー画提供：アフロ
カバーデザイン：松浦竜矢
編集：有限会社バウンド

江戸の色町　遊女と吉原の歴史

発行日　2016年 6 月23日　初版
　　　　2021年12月10日　第2刷　発行

監　修　安藤優一郎
発行人　坪井義哉
発行所　株式会社カンゼン
〒101-0021
東京都千代田区外神田2-7-1 開花ビル
TEL　03（5295）7723
FAX　03（5295）7725
http://www.kanzen.jp/
郵便振替　00150-7-130339
印刷・製本　株式会社シナノ

ISBN 978-4-86255-351-5
Printed in Japan
定価はカバーに表示してあります

本書に関するご意見、ご感想に関しましては、kanso@kanzen.jp まで
Eメールにてお寄せください。お待ちしております。

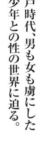

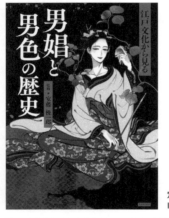

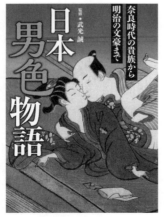